ENJOY 여행스페인어

지은이 넥서스콘텐츠개발팀
펴낸이 임상진
펴낸곳 (주)넥서스

초판 1쇄 발행 2016년 7월 25일
초판 7쇄 발행 2023년 11월 1일

출판신고 1992년 4월 3일 제311-2002-2호
주소 10880 경기도 파주시 지목로 5
전화 (02)330-5500 팩스 (02)330-5555

ISBN 979-11-5752-842-4 13770

출판사의 허락 없이 내용의 일부를
인용하거나 발췌하는 것을 금합니다.

가격은 뒤표지에 있습니다.
잘못 만들어진 책은 구입처에서 바꾸어 드립니다.

이 도서의 국립중앙도서관 출판예정도서목록(CIP)은
서지정보유통지원시스템 홈페이지(http://seoji.nl.go.kr)와
국가자료공동목록시스템(http://www.nl.go.kr/kolisnet)에서 이용하실 수 있습니다.
(CIP제어번호 : CIP2016017948)

www.nexusbook.com

스페인 여행 처음 갈 때 이 책!

ENJOY 여행 스페인어

넥서스콘텐츠개발팀 지음

넥서스

구성 및 특징

Before you go 이것만은 알고 가자

자주 쓰는 표현 BEST 30

여행 가서 자주 쓰는 표현 30개를 엄선했습니다. 이것만 알아도 여행지에서 웬만한 의사소통은 가능합니다. 중요한 표현들이니 이것만은 꼭 알아두세요.

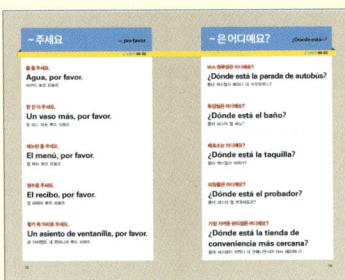

기초회화 Pattern 8

'~ 주세요', '~은 어디예요?'와 같이 여행지에서 자주 쓰는 회화 패턴을 정리했습니다. 패턴에 단어만 바꿔 넣으면 하고 싶은 말을 쉽게 표현할 수 있습니다.

여행 과정에서 발생하는 상황의 표현들을 11가지의 주제별로 나누어 정리했습니다.

① 초간단 기본 표현
② 기내에서
③ 공항에서
④ 호텔에서
⑤ 거리에서
⑥ 교통 이용하기
⑦ 식당·술집에서
⑧ 관광 즐기기
⑨ 쇼핑하기
⑩ 친구 만들기
⑪ 긴급 상황 발생

상대방이 하는 말을 알아들어야 내가 하고 싶은 말도 할 수 있겠죠? 상대방이 하는 말, 즉 여행지에서 듣게 되는 표현은 별도의 표시를 해두었습니다.

단어만 말해도 뜻이 통할 때가 있습니다. 상황별로 자주 쓰이는 단어들을 보기 좋게 정리했습니다.

MP3 100% 활용법

발음 듣기용

우리말 해석과 스페인어 문장이 녹음되어 있습니다. 먼저 원어민 음성을 듣고 발음을 확인해 보세요.

✓ **check point!**

☐ 원어민 발음을 확인한다.
☐ '이런 말을 스페인어로는 이렇게 하는구나' 이해한다.
☐ 들릴 때까지 반복해서 듣는다.

회화 연습용

우리말 해석을 듣고 스페인어로 말해 보세요. 2초 후에 나오는 원어민 음성을 확인한 다음, 다시 따라 말하면서 공부한 표현을 암기하세요.

✓ **check point!**

☐ 제대로 외웠는지 확인한다.
☐ 원어민 발음에 가깝게 말하도록 반복 훈련한다.
☐ 우리말 해석을 듣고 바로 스페인어 표현이 생각나지 않으면 다시 복습한다.

무료 MP3 다운받는 법

❶ '넥서스 홈페이지' 접속
   www.nexusbook.com
❷ 다운로드 영역에서 '인증받기' 클릭

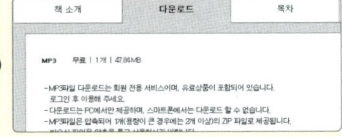

이것만은 알고 가자

여행 가서
자주 쓰는 표현 BEST 30   11

하고 싶은 말 다 하는
기초회화 Pattern 8   18

1. 초간단 기본표현

인사하기	28
감사 인사	30
사과하기	31
긍정 표현	32
부정 표현	33
도움 청하기	34
스페인어를 못해요	35

2. 기내에서

자리 찾기	38
승무원에게 필요한 것 말하기	39
기내식 먹기	41
기내에서 아플 때	44

3. 공항에서

탑승 수속하기	48
입국 심사	49
수하물 찾기	52
세관 검사	53
환전하기	54
★ 유로화 익히기	55

4. 호텔에서

체크인 하기	58
숙소를 예약하지 않았을 때	59
룸서비스, 편의시설 이용하기	60
문제가 생겼어요	63
체크아웃 하기	65

5. 이동 중에

길 물어보기	68
어디예요?	70
어떻게 가요?	71
길을 잃었어요	72
★ 여행 시 유용한 스마트폰 어플	73

6. 교통 이용하기

지하철 이용하기	76
버스 이용하기	78
기차표 구입하기	80
문제가 생겼어요	82
택시 이용하기	83
렌터카 이용하기	84

7. 식당·술집에서

식당 예약하기	88
식당에 도착했을 때	89
음식 주문하기	90
★ 스페인 식당 메뉴판 읽기	92
문제가 생겼어요	94
계산하기	95
커피숍에서	97
★ 스페인어 숫자 읽기	98
술집에서	99

8. 관광 즐기기

관광하기	102
관광 명소 구경하기	103
사진 찍기	104
공연 관람하기	106
스포츠 관람하기	107

9. 쇼핑하기

물건 살펴보기	110
물건 사기	114
옷 사기	116
신발 사기	120
화장품 사기	122
슈퍼마켓에서	124
교환과 환불	125

10. 친구 만들기

말문 떼기	128
자기소개 하기	129
칭찬하기	130
연락처 주고받기	131

11. 긴급 상황 발생

도움 청하기	134
도난당하거나 분실했을 때	137
교통사고가 났을 때	139
아플 때	140
스피드 인덱스	142

여행 가서
자주 쓰는 표현
BEST 30

감사합니다.
Gracias.
그라씨아스

미안해요.
Lo siento.
로 씨엔또

저기요.
Disculpe.
디스꿀뻬

아니요, 괜찮아요.
No, está bien.
노, 에스따 비엔

네, 부탁해요.
Sí, por favor.
씨, 뽀르 파보르

잘 모르겠어요.

No sé.
노 쎄

스페인어를 못해요.

No hablo español.
노 아블로 에스빠뇰

뭐라고요?

¿Cómo?
꼬모?

좀 더 천천히 말씀해 주세요.

Hable más despacio, por favor.
아블레 마스 데스빠씨오 뽀르 파보르

얼마예요?

¿Cuánto cuesta?
꾸안또 꾸에스따?

그냥 둘러보는 중이에요.
Solo estoy mirando.
쏠로 에스또이 미란도

할인해 주세요.
Hágame una rebaja.
아가메 우나 레바하

입어 봐도 돼요?
¿Me lo puedo probar?
멜로 뿌에도 쁘로바르?

이거 주세요.
Me lo llevo.
멜로 예보

환불하고 싶어요.
Quiero recibir un reembolso.
끼에로 레씨비르 운 레엠볼소

포장해 주시겠어요?
¿Puede envolverlo?
뿌에데 엔볼베를로?

거기에 어떻게 가요?
¿Cómo puedo llegar allí?
꼬모 뿌에도 예가르 아이?

얼마나 걸려요?
¿Cuánto tiempo se tarda?
꾸안또 띠엠뽀 세 따르다?

여기에서 멀어요?
¿Está lejos de aquí?
에스따 레호스 데 아끼?

가장 가까운 역이 어디예요?
¿Dónde está la estación más cercana?
돈데 에스따 라 에스따씨온 마스 쎄르까나?

어디에서 갈아타요?
¿Dónde debo hacer transbordo?
돈데 데보 아쎄르 뜨란스보르도?

택시를 불러 주세요.
Llame un taxi, por favor.
야메 운 딱시 뽀르 파보르

힐튼 호텔로 가 주세요.
Al Hotel Hilton, por favor.
알 오뗄 힐똔 뽀르 파보르

여기가 어디예요?
¿Dónde estamos?
돈데 에스따모스?

예약했는데요.
Tengo una reservación.
뗑고 우나 레세르바씨온

사진을 찍어 주시겠어요?
¿Podría tomarme una foto?
뽀드리아 또마르메 우나 포또?

화장실이 어디예요?
¿Dónde está el baño?
돈데 에스따 엘 바뇨?

이걸로 할게요.
Me lo llevo.
멜로 예보

물 한 잔 주세요.
Un vaso de agua, por favor.
운 바소 데 아구아 뽀르 파보르

계산서 주세요.
La cuenta, por favor.
라 꾸엔따 뽀르 파보르

하고 싶은 말
다 하는 기초회화
Pattern 8

~ 주세요
~, por favor

물 좀 주세요.
Agua, por favor.
아구아 뽀르 파보르

한 잔 더 주세요.
Un vaso más, por favor.
운 바소 마쓰 뽀르 파보르

메뉴판 좀 주세요.
El menú, por favor.
엘 메누 뽀르 파보르

영수증 주세요.
El recibo, por favor.
엘 레씨보 뽀르 파보르

창가 쪽 자리로 주세요.
Un asiento de ventanilla, por favor.
운 아씨엔또 데 벤따니야 뽀르 파보르

~은 어디예요?

¿Dónde está ~?

버스 정류장은 어디예요?
¿Dónde está la parada de autobús?
돈데 에스따 라 빠라다 데 아우또부스?

화장실은 어디예요?
¿Dónde está el baño?
돈데 에스따 엘 바뇨?

매표소는 어디예요?
¿Dónde está la taquilla?
돈데 에스따 라 따끼야?

피팅룸은 어디예요?
¿Dónde está el probador?
돈데 에스따 엘 쁘로바도르?

가장 가까운 편의점은 어디예요?
¿Dónde está la tienda de conveniencia más cercana?
돈데 에스따 라 띠엔다 데 꼰베니엔씨아 마쓰 쎄르까나?

~ 찾고 있는데요 Estoy buscando ~

🎧 MP3 00-04

기차역을 찾고 있는데요.

Estoy buscando la estación de tren.
에스또이 부스깐도 라 에스따씨온 데 뜨렌

열쇠를 찾고 있는데요.

Estoy buscando la llave.
에스또이 부스깐도 라 야베

안내소를 찾고 있는데요.

Estoy buscando el centro de información.
에스또이 부스깐도 엘 쎈뜨로 데 인포르마씨온

쇼핑몰을 찾고 있는데요.

Estoy buscando un centro comercial.
에스또이 부스깐도 운 쎈뜨로 꼬메르씨알

~이 필요해요

Necesito ~

담요가 필요해요.
Necesito una manta.
네쎄씨또 우나 만따

뜨거운 물이 필요해요.
Necesito agua caliente.
네쎄씨또 아구아 깔리엔떼

통역이 필요해요.
Necesito un intérprete.
네쎄씨또 운 인떼르쁘레떼

지도가 필요해요.
Necesito un mapa.
네쎄씨또 운 마빠

모닝콜이 필요해요.
Necesito recibir llamada para despertar.
네쎄씨또 레씨비르 야마다 빠라 데스뻬르따르

~하고 싶어요

Quiero ~

이것 좀 보고 싶어요.

Quiero ver esto.
끼에로 베르 에스또

저걸 먹고 싶어요.

Quiero comer eso.
끼에로 꼬메르 에쏘

거기 가고 싶어요.

Quiero ir allí.
끼에로 이르 아이

예약하고 싶어요.

Quiero hacer una reservación.
끼에로 아쎄르 우나 레세르바씨온

환불하고 싶어요.

Quiero recibir un reembolso.
끼에로 레씨비르 운 레엠볼쏘

~ 있어요?

¿Hay ~?

빈방 있어요?

¿Hay una habitación libre?

아이 우나 아비따씨온 리브레?

두 사람 자리 있어요?

¿Hay asientos para dos personas?

아이 아씨엔또쓰 빠라 도스 뻬르소나쓰?

다른 색 있어요?

¿Hay otro color?

아이 오뜨로 꼴로르?

다른 스타일 있어요?

¿Hay otro estilo?

아이 오뜨로 에스띨로?

더 싼 거 있어요?

¿Hay algo más barato?

아이 알고 마쓰 바라또?

~해 주시겠어요? ¿Podría ~?

천천히 말씀해 주시겠어요?
¿Podría hablar despacio?
뽀드리아 아블라르 데스빠씨오?

다시 한번 말씀해 주시겠어요?
¿Podría repetirlo?
뽀드리아 레뻬띠를로?

길 좀 알려 주시겠어요?
¿Podría indicarme el camino?
뽀드리아 인디까르메 엘 까미노?

사진 좀 찍어 주시겠어요?
¿Podría tomarme una foto?
뽀드리아 또마르메 우나 포또?

택시 좀 불러 주시겠어요?
¿Podría llamar un taxi?
뽀드리아 야마르 운 딱씨?

~해도 돼요?

¿Puedo ~?

입어 봐도 돼요?
¿Puedo probármelo?
뿌에도 쁘로바르멜로?

여기에서 사진 찍어도 돼요?
¿Puedo tomar fotos aquí?
뿌에도 또마르 포또쓰 아끼?

들어가도 돼요?
¿Puedo entrar?
뿌에도 엔뜨라르?

자리를 바꿔도 돼요?
¿Puedo cambiar de asiento?
뿌에도 깜비아르 데 아씨엔또?

이거 써도 돼요?
¿Puedo usarlo?
뿌에도 우사를로?

마요르 광장 Plaza Mayor

마요르 광장은 스페인 마드리드에 있는 광장이다.
직사각형 모양을 하고 있으며, 광장에 접해 있는 237개의 발코니를 가진
3층 건물에 둘러싸여 있다.
시민 생활의 중심지이며 많은 관광객들로 항상 붐비는 장소이다.

©Anton Gvozdikov

초간단 기본 표현

가장 많이 쓰는 표현 Best 3

❶ 처음 뵙겠습니다.
Mucho gusto.

❷ 감사합니다.
Gracias.

❸ 스페인어를 못해요.
No hablo español.

인사하기

안녕하세요. (아침)

Buenos días.

부에노스 디아스

안녕하세요. (점심)

Buenas tardes.

부에나스 따르데스

안녕하세요. (저녁)

Buenas noches.

부에나스 노체스

좋은 밤 보내세요.

Tenga una buena noche.

뗑가 우나 부에나 노체

처음 뵙겠습니다.

Mucho gusto.

무초 구스또

안녕히 가세요.

Adiós.

아디오스

또 만나요.

Nos vemos.

노스 베모스

나중에 봐요.

Hasta luego.

아스타 루에고

좋은 하루 보내세요.

Tenga un buen día.

뗑가 운 부엔 디아

행운을 빌어요.

¡Buena suerte!

부에나 수에르떼!

✈ 감사 인사

감사합니다.

Gracias.

그라씨아스

정말 감사합니다.

Muchas gracias.

무차스 그라씨아스

천만에요.

De nada.

데 나다

도와주셔서 감사합니다.

Gracias por su ayuda.

그라씨아스 뽀르 수 아유다

와 주셔서 감사합니다.

Gracias por venir.

그라씨아스 뽀르 베니르

사과하기

미안합니다.
Lo siento.
로 씨엔또

정말 죄송했습니다.
Lo siento mucho.
로 씨엔또 무쵸

늦어서 미안해요.
Siento haber llegado tarde.
씨엔또 아베르 예가도 따르데

어쩔 수 없었어요.
No pude evitarlo.
노 뿌데 에비따를로

제 잘못이에요.
Es mi culpa.
에스 미 꿀빠

긍정 표현

좋아요.

Está bien.

에스따 비엔

알겠습니다.

De acuerdo.

데 아꾸에르도

물론이죠.

Por supuesto.

뽀르 수뿌에스또

저도 그렇게 생각해요.

Creo que sí.

끄레오 께 씨

맞아요.

Es correcto.

에스 꼬렉또

부정 표현

아니요, 그렇지 않아요.

No, no es así.

노, 노 에스 아씨

그렇게 생각 안 해요.

No, no lo creo.

노, 노 로 끄레오

유감이군요.

¡Qué lástima!

께 라스띠마!

아니요, 됐어요.

No, gracias.

노, 그라씨아스

잘 모르겠어요.

No sé.

노 쎄

도움 청하기

좀 도와주시겠어요?

¿Podría ayudarme?
뽀드리아 아유다르메?

부탁해도 될까요?

¿Me puede hacer un favor?
메 뿌에데 아쎄르 운 파보르?

잠깐 시간 괜찮으세요?

¿Tiene tiempo?
띠에네 띠엠뽀?

말씀 중에 죄송합니다.

Perdón por interrumpir.
뻬르돈 뽀르 인떼룸삐르

제 가방 좀 봐 주시겠어요?

¿Puede cuidar mi maleta?
뿌에데 꾸이다르 미 말레따?

스페인어를 못해요

기본표현

스페인어를 못해요.

No hablo español.

노 아블로 에스빠뇰

잘 모르겠어요.

No sé.

노 쎄

좀 더 천천히 말씀해 주세요.

Hable más despacio, por favor.

아블레 마스 데스빠시오 뽀르 파보르

한 번 더 말씀해 주세요.

Repítalo, por favor.

레삐딸로 뽀르 파보르

여기에 적어 주세요.

Escríbalo aquí.

에스끄리발로 아끼

마드리드 왕궁 Palacio Real de Madrid

마드리드 왕궁은 스페인의 왕실 공식 관저이나, 국가적 상황에만 사용이 된다.
2,800여 개의 방과 135,000 m²의 크기로
서부 유럽을 통틀어서 단연 최대의 크기를 자랑한다.

발음 듣기용

회화 연습용

기내에서

가장 많이 쓰는 표현 Best 3

저기요.
Disculpe.

담요 좀 주세요.
Una manta, por favor.

몸이 안 좋아요.
No me encuentro bien.

✈ 자리 찾기

제 자리를 찾고 있는데요.

Estoy buscando mi asiento.
에스또이 부스깐도 미 아씨엔또

탑승권을 보여 주시겠습니까?

¿Puedo ver su tarjeta de embarque?
뿌에도 베르 수 따르헤따 데 엠바르께?

이쪽으로 오세요.

Venga por aquí.
벵가 뽀르 아끼

좀 지나갈게요.

Déjeme pasar.
데헤메 빠싸르

거기는 제 자리인데요.

Es mi asiento.
에스 미 아시엔또

승무원에게 필요한 것 말하기

저기요. (승무원을 부를 때)

Disculpe.
디스꿀뻬

담요 좀 주세요.

Una manta, por favor.
우나 만따 뽀르 파보르

베개 좀 주세요.

Una almohada, por favor.
우나 알모아다 뽀르 파보르

면세품 살 수 있어요?

¿Puedo comprar artículos libres de impuestos?
뿌에도 꼼쁘라르 아르띠꿀로스 리브레스 데 임뿌에스또스?

뭐 마실 것 좀 주시겠어요?

¿Puede traerme algo para beber?
뿌에데 뜨라에르메 알고 빠라 베베르?

단어만 알아도 통한다!

신문 **periódico**
뻬리오디꼬

잡지 **revista**
레비스따

이어폰 **auriculares**
아우리꿀라레스

구명재킷 **chaleco salvavidas**
찰레꼬 살바비다스

담요 **manta**
만따

티슈 **pañuelo de papel**
빠뉴엘로 데 빠뻴

안대 **antifaz para dormir**
안띠파스 빠라 도르미르

목베개 **almohada para cuello**
알모아다 빠라 꾸에요

기내식 먹기

식사 때 깨워 주세요.

Despiérteme para la comida.

데스삐에르떼메 빠라 라 꼬미다

식사는 필요 없어요.

No necesito comida.

노 네쎄씨또 꼬미다

쇠고기와 생선 중 어느 것으로 하시겠습니까?

¿Qué prefiere, carne de res o pescado?

께 쁘레피에레 까르네 데 레스 오 뻬스까도?

쇠고기 주세요.

Carne de res, por favor.

까르네 데 레스 뽀르 파보르

앞 테이블을 내려 주시겠어요?

¿Puede recoger la mesa?

뿌에데 레꼬헤르 라 메사?

커피 드릴까요, 차 드릴까요?
¿Qué prefiere, café o té?
께 쁘레피에레 까페 오 떼?

음료는 뭐가 있나요?
¿Qué hay para beber?
께 아이 빠라 베베르?

물도 한 컵 주세요.
Un vaso de agua, por favor.
운 바소 데 아구아 뽀르 파보르

한 잔 더 주시겠어요?
¿Puede traerme otro vaso, por favor?
뿌에데 뜨라에르메 오뜨로 바소 뽀르 파보르?

식사 다 하셨습니까?
¿Ya ha terminado?
야 아 떼르미나도?

단어만 알아도 통한다!

오렌지주스 **jugo de naranja**
후고 데 나랑하

맥주 **cerveza**
쎄르베사

우유 **leche**
레체

콜라 **Coca Cola**
꼬까꼴라

녹차 **té verde**
떼 베르데

커피 **café**
까페

와인 **vino**
비노

물 **agua**
아구아

✈️ 기내에서 아플 때

몸이 안 좋아요.

No me encuentro bien.
노 메 엔꾸엔뜨로 비엔

배가 아파요.

Me duele el estómago.
메 두엘레 엘 에스또마고

두통약 있어요?

¿Tiene pastillas para el dolor de cabeza?
띠에네 빠스띠야스 빠라 엘 돌로르 데 까베사?

멀미약 좀 주세요.

Deme pastillas para el mareo.
데메 빠스띠야스 빠라 엘 마레오

구토 봉투 있어요?

¿Tiene bolsa para el mareo?
띠에네 볼사 빠라 엘 마레오?

단어만 알아도 통한다!

두통	**dolor de cabeza** 돌로르 데 까베싸	
복통	**dolor de estómago** 돌로르 데 에스또마고	
구토	**vómito** 보미또	
비행기 멀미	**mareo en avión** 마레오 엔 아비온	
생리통	**dolor menstrual** 돌로르 멘스뜨루알	
호흡 곤란	**dificultad para respirar** 디피꿀땃 빠라 레스삐라르	
아파요.	**Tengo dolor.** 뗑고 돌로르	
추워요.	**Tengo frío.** 뗑고 프리오	

카스텔라 Castella

제과점에서 흔히 볼 수 있는 카스텔라를 일본의 빵으로 아는 사람이 많은데,
카스텔라는 원래 스페인의 '카스티야' 지방에서 유래되었다.

3
enjoy

공항에서

가장 많이 쓰는 표현 Best 3

❶
여권을 보여 주시겠어요?
¿Podría mostrarme su pasaporte?

❷
어디에 머물 예정인가요?
¿Dónde va a quedarse?

❸
환전하는 곳은 어디예요?
¿Dónde está la casa de cambio?

탑승 수속하기

국제선 터미널은 어디예요?

¿Dónde está el terminal internacional?

돈데 에스따 엘 떼르미날 인떼르나시오날?

부치실 짐이 있습니까?

¿Tiene equipaje para facturar?

띠에네 에끼빠헤 빠라 팍뚜라르?

어느 출구로 가면 돼요?

¿A qué salida tengo que ir?

아 께 살리다 뗑고 께 이르?

곧 탑승을 시작하겠습니다.

En seguida vamos a abordar el avión.

엔 쎄기다 바모스 아 아보르다르 엘 아비온

좌석은 통로쪽, 창가쪽 어디로 하시겠습니까?

¿Qué asiento prefiere usted, pasillo o ventanilla?

께 아씨엔또 쁘레피에레 우스뗃 빠씨요 오 벤따니야?

입국 심사

여권을 보여 주시겠어요?

¿Podría mostrarme su pasaporte?

뽀드리아 모스뜨라르메 수 빠사뽀르떼?

여기요.

Aquí tiene.

아끼 띠에네

방문 목적은 무엇입니까?

¿Cuál es el motivo de su visita?

꾸알 에스 엘 모띠보 데 수 비씨따?

관광차 왔어요.

Turismo.

뚜리스모

사업 때문에 왔습니다.

Negocio.

네고씨오

어디에 머물 예정인가요?

¿Dónde va a quedarse?
돈데 바 아 께다르세?

그랜드 호텔에서요.

En el Gran Hotel.
엔 엘 그란 오뗄

친구네 집에서요.

En la casa de mi amigo.
엔 라 까사 데 미 아미고

얼마나 머물 예정입니까?

¿Cuánto tiempo va a permanecer aquí?
꾸안또 띠엠뽀 바 아 뻬르마네쎄르 아끼?

5일간이요.

Cinco días.
씽꼬 디아스

Tip		
하루	un día [운 디아]	
이틀	dos días [도스 디아스]	
사흘	tres días [뜨레스 디아스]	
일주일	una semana [우나 쎄마나]	
열흘	diez días [디에스 디아스]	
한 달	un mes [운 메스]	

단어만 알아도 통한다!

관광	**turismo** 뚜리스모
사업	**negocio** 네고씨오
신혼여행	**luna de miel** 루나 데 미엘
회의	**reunión** 레우니온
공부	**estudio** 에스뚜디오
휴가	**vacaciones** 바까씨오네스
여행	**viaje** 비아헤
친척방문	**visita a familiares** 비씨다 아 파밀리아레스

✈️ 수하물 찾기

짐은 어디에서 찾나요?

¿Dónde puedo encontrar el equipaje?
돈데 뿌에도 엔꼰뜨라르 엘 에끼빠헤?

무슨 항공편으로 오셨나요?

¿Cuál es su vuelo?
꾸알 에스 수 부엘로?

좀 도와주세요.

Ayúdeme, por favor.
아유데메 뽀르 파보르

제 짐을 찾을 수가 없어요.

No puedo encontrar mi equipaje.
노 뿌에도 엔꼰뜨라르 미 에끼빠헤

제 짐이 아직 안 나왔어요.

Todavía no ha salido mi equipaje.
또다비아 노 아 살리도 미 에끼빠헤

세관 검사

특별히 신고할 물건은 없습니까?

¿Hay algo que declarar?
아이 알고 께 데끌라라르?

아니요, 없습니다.

No, no hay.
노, 노 아이

가방 안에는 뭐가 있죠?

¿Qué hay en la maleta?
께 아이 엔 라 말레따?

개인적인 용품들이에요.

Son los artículos para uso personal.
손 로스 아르띠꿀로스 빠라 우소 뻬르소날

가방을 열어 주시겠어요?

¿Puede abrir la maleta, por favor?
뿌에데 아브리르 라 말레따 뽀르 파보르?

✈️ 환전하기

환전하는 곳은 어디예요?

¿Dónde está la casa de cambio?

돈데 에스따 라 까사 데 깜비오?

환전하려고 하는데요.

Quiero cambiar dinero.

끼에로 깜비아르 디네로

달러를 유로로 환전할 수 있나요?

¿Puedo cambiar dólares estadounidenses a euros?

뿌에도 깜비아르 돌라레스 에스따도우니덴세스 아 에우로스?

🔊 **돈은 어떻게 드릴까요?**

¿Qué clase de moneda quiere usted?

께 끌라세 데 모네다 끼에레 우스뗃?

10유로와 50유로로 주세요.

10 euros y 50 euros, por favor.

디에스 에우로스 이 씽꾸엔따 에우로스 뽀르 파보르

유로화 익히기

5 euros [씽꼬 에우로스]

10 euros [디에스 에우로스]

20 euros [베인떼 에우로스]

50 euros [씽꾸엔따 에우로스]

100 euros [씨엔 에우로스]

200 euros [도스씨엔또스 에우로스]

1 centavo [운 센따보]   **2 centavos** [도스 센따보스]
5 centavos [씽꼬 센따보스]   **10 centavos** [디에스 센따보스]
20 centavos [베인떼 센따보스]   **50 centavos** [씽꾸엔따 센따보스]

사그라다 파밀리아 Sagrada Familia

사그라다 파밀리아 성당은 바르셀로나에 짓고 있는 로마 가톨릭 성당이다.
건축가 안토니 가우디가 설계하고 직접 건축을 책임졌다.
1935년 스페인 내전으로 건축이 중단되었다가 제2차 세계 대전이 끝난 후에
다시 재개되었다.

©Yevgen Belich

발음 듣기용   회화 연습용

호텔에서

가장 많이 쓰는 표현 Best 3

❶
빈방 있나요?
¿Hay una habitación libre?

❷
와이파이 비밀번호가 뭐예요?
¿Cuál es la contraseña de Wi-Fi?

❸
체크아웃 부탁합니다.
Quiero hacer el check-out, por favor.

체크인 하기

지금 체크인 할 수 있어요?

¿Puedo hacer el check-in ahora?

뿌에도 아쎄르 엘 첵인 아오라?

예약은 하셨나요?

¿Tiene una reservación?

띠에네 우나 레세르바씨온?

네, 제 이름은 최수지입니다.

Sí, mi nombres es Suji Choi.

씨, 미 놈브레 에스 수지 초이

이 서류를 작성해 주세요.

Llene este formulario, por favor.

예네 에스떼 포르물라리오 뽀르 파보르

여기, 방 열쇠입니다.

Aquí tiene la llave de la habitación.

아끼 띠에네 라 야베 데 라 아비따씨온

숙소를 예약하지 않았을 때

빈방 있나요?

¿Hay una habitación libre?
아이 우나 아비따씨온 리브레?

어떤 방을 원하세요?

¿Qué clase de habitación quiere?
께 끌라쎄 데 아비따씨온 끼에레?

싱글룸으로 주세요.

Habitación individual, por favor.
아비따씨온 인디비두알 뽀르 파보르

> **Tip** 더블룸 Habitación doble
> [아비따씨온 도블레]
> 트윈룸 Habitación con camas gemelas
> [아비따씨온 꼰 까마스 헤멜라스]

1박에 얼마예요?

¿Cuánto cuesta la noche?
꾸안또 꾸에스따 라 노체?

좀 더 싼 방은 없나요?

¿Hay habitación más barata?
아이 아비따시온 마스 바라따?

H 호텔에서

룸서비스, 편의시설 이용하기

룸서비스 부탁합니다.

Servicio de habitaciones, por favor.
세르비씨오 데 아비따씨오네스 뽀르 파보르

비누와 샴푸를 더 가져다주시겠어요?

¿Puede usted traerme más jabón y champú?
뿌에데 우스뗃 뜨라에르메 마스 하본 이 참뿌?

얼음이랑 물 좀 주세요.

Agua con hielo, por favor.
아구아 꼰 이엘로 뽀르 파보르

7시에 모닝콜 부탁합니다.

Hágame una llamada para despertar a las 7, por favor.
아가메 우나 야마다 빠라 데스뻬르따르 아 라스 씨에떼 뽀르 파보르

택시를 불러 주시겠어요?

¿Puede llamar un taxi, por favor?
뿌에데 야마르 운 딱시 뽀르 파보르?

세탁 서비스 돼요?
¿Hay servicio de lavandería?
아이 세르비씨오 데 라반데리아?

언제쯤 될까요?
¿Cuándo termina?
꾸안도 떼르미나?

수건을 좀 더 주세요.
Más toallas, por favor.
마스 또아야스 뽀르 파보르

인터넷을 사용할 수 있나요?
¿Puedo usar el Internet?
뿌에도 우사르 엘 인떼르넷?

와이파이 비밀번호가 뭐예요?
¿Cuál es la contraseña de Wi-Fi?
꾸알 에스 라 꼰뜨라세냐 데 와이파이?

단어만 알아도 통한다!

수건 **toalla**
또아야

이불 **colcha**
꼴차

휴지 **papel higiénico**
빠뻴 이히에니꼬

면도기 **maquinilla de afeitar**
마끼니야 데 아페이따르

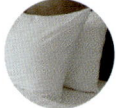
베개 **almohada**
알모아다

헤어 드라이어 **secador de pelo**
세까도르 데 뻴로

칫솔 **cepillo de dientes**
세삐요 데 디엔떼스

키 카드 **tarjeta de clave**
따르헤따 데 끌라베

문제가 생겼어요

열쇠를 안에 두고 나왔어요.

Salí dejando la llave adentro.
살리 데한도 라 **야**베 아덴뜨로

방 열쇠를 잃어버렸어요.

Perdí la llave de la habitación.
뻬르디 라 **야**베 데 라 아비따씨온

202호입니다.

Es el 202.
에스 엘 도스씨**엔**또스 도스

텔레비전이 잘 안 나와요.

La televisión no funciona bien.
라 뗄레비**씨**온 노 푼씨오나 비엔

너무 시끄러워요.

Es demasiado ruidosa.
에스 데마시아도 루이도사

시트가 더러워요.

Las sábanas están sucias.

라스 **사**바나스 에스딴 수시아스

방이 너무 추워요.

Esta habitación es demasiado fría.

에스따 아비따씨온 에스 데마시아도 프리아

에어컨이 안 돼요.

No funciona el aire acondicionado.

노 푼시오나 엘 **아**이레 아꼰디씨오나도

뜨거운 물이 안 나와요.

No sale el agua caliente.

노 살레 엘 **아**구아 깔리**엔**떼

화장실 물이 잘 안 내려가요.

El agua no pasa en el inodoro.

엘 **아**구아 노 **빠**사 엔 엘 이노도로

체크아웃 하기

체크아웃은 몇 시인가요?

¿A qué hora es el check-out?

아 께 오라 에스 엘 첵아웃?

체크아웃 부탁합니다.

Quiero hacer el check-out, por favor.

끼에로 아쎄르 엘 첵아웃 뽀르 파보르

이건 무슨 요금입니까?

¿Qué cobro es este?

께 꼬브로 에스 에스떼?

잘못된 것 같은데요.

Creo que hay un error.

끄레오 께 아이 운 에로르

하루 더 있고 싶은데요.

Quiero quedarme un día más.

끼에로 께다르메 운 디아 마스

구엘 공원 park Guell

바르셀로나의 카르멜 언덕에 위치한 구엘 공원은
안토니 가우디의 작품 중 하나로, 1984년에 유네스코 세계문화유산에 등록되었다.

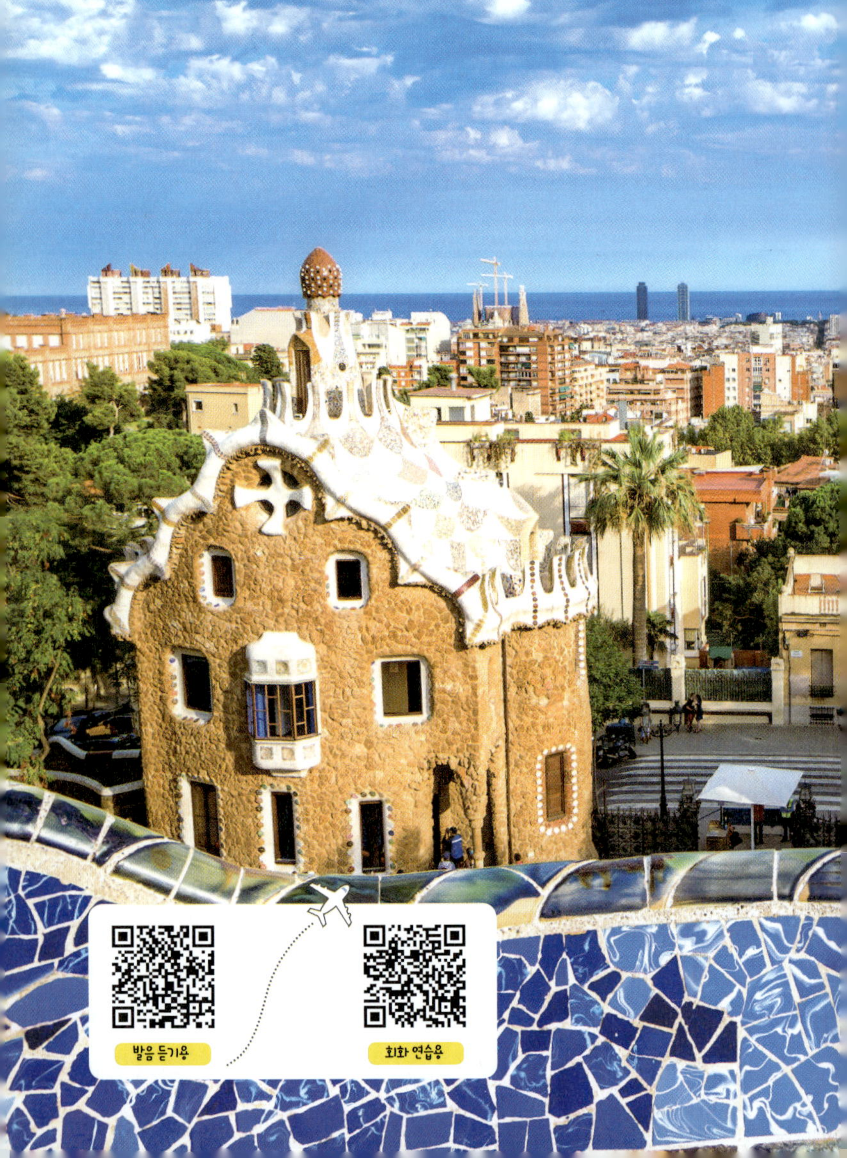

발음 듣기용

회화 연습용

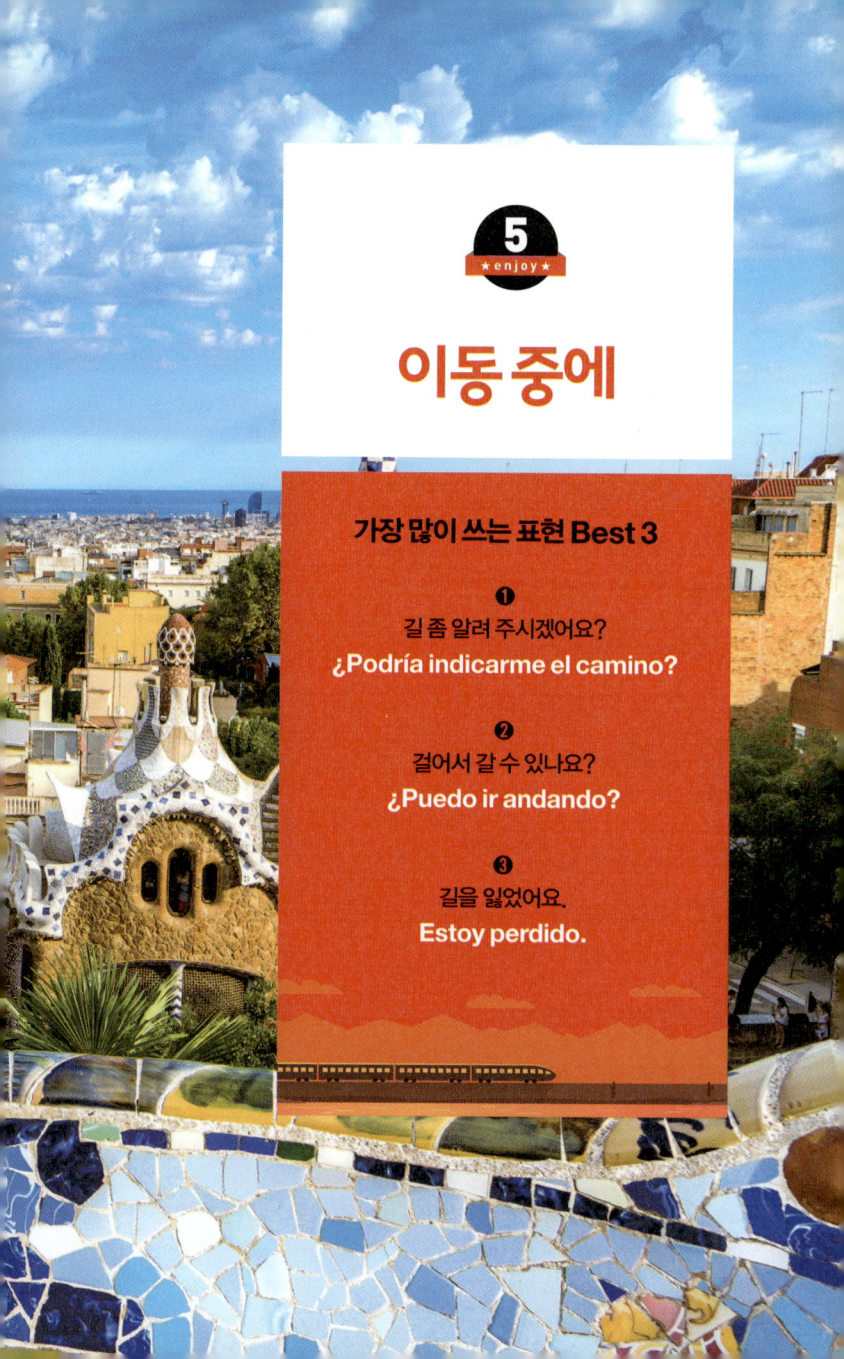

5 enjoy

이동 중에

가장 많이 쓰는 표현 Best 3

❶
길 좀 알려 주시겠어요?
¿Podría indicarme el camino?

❷
걸어서 갈 수 있나요?
¿Puedo ir andando?

❸
길을 잃었어요.
Estoy perdido.

길 물어보기

길 좀 알려 주시겠어요?

¿Podría indicarme el camino?

뽀드리아 인디까르메 엘 까미노?

여기에 가고 싶은데요.

Quiero ir a este lugar.

끼에로 이르 아 에스떼 루가르

마드리드 왕궁을 찾고 있어요.

Estoy buscando el Palacio Real de Madrid.

에스또이 부스깐도 엘 빨라시오 레알 데 마드리드

이 길의 이름은 뭐예요?

¿Cuál es el nombre de la calle?

꾸알 에스 엘 놈브레 데 라 까예?

근처에 슈퍼가 있나요?

¿Hay un supermercado cerca de aquí?

아이 운 수뻬르메르까도 쎄르까 데 아끼?

단어만 알아도 통한다!

| 박물관 | **museo**
 무쎄오 |

| 미술관 | **galería de arte**
 갈레리아 데 아르떼 |

| 극장 | **teatro**
 떼아뜨로 |

| 경기장 | **estadio**
 에스따디오 |

| 국립공원 | **parque nacional**
 빠르께 나씨오날 |

| 백화점 | **grandes almacenes**
 그란데스 알마쎄네스 |

| 고궁 | **palacio antiguo**
 빨라씨오 안띠구오 |

| 성당 | **catedral**
 까떼드랄 |

어디예요?

버스 정류장은 어디예요?

¿Dónde está la parada de autobús?

돈데 에스따 라 빠라다 데 아우또부스?

가장 가까운 역은 어디예요?

¿Dónde está la estación más cercana?

돈데 에스따 라 에스따시온 마스 쎄르까나?

출구는 어디예요?

¿Dónde está la salida?

돈데 에스따 라 살리다?

매표소는 어디예요?

¿Dónde está la taquilla?

돈데 에스따 라 따끼야?

박물관은 어디에 있어요?

¿Dónde está el museo?

돈데 에스따 엘 무쎄오?

어떻게 가요?

거긴 어떻게 가요?

¿Cómo se va allí?
꼬모 세 바 아이?

성가족 성당은 어떻게 가나요?

¿Cómo se va a la Catedral de la Sagrada Familia?
꼬모 세 바 아 라 까떼드랄 데 라 사그라다 파밀리아?

여기에서 멀어요?

¿Está lejos de aquí?
에스따 레호스 데 아끼?

얼마나 걸려요?

¿Cuánto tiempo se tarda?
꾸안또 띠엠뽀 세 따르다?

걸어서 갈 수 있나요?

¿Puedo ir andando?
뿌에도 이르 안단도?

이동중에

✈ 길을 잃었어요

길을 잃었어요.

Estoy perdido.
에스또이 뻬르디도

여기가 어디예요?

¿Dónde estamos?
돈데 에스따모스?

여기가 어디인지 모르겠어요.

No sé dónde estamos.
노 쎄 돈데 에스따모스

여기에 데려다주시겠어요?

¿Puede llevarme a este lugar?
뿌에데 예바르메 아 에스떼 루가르?

이 지도에서 우리의 위치는 어디인가요?

¿En el mapa, en dónde estamos?
엔 엘 마빠 엔 돈데 에스따모스?

여행 시 유용한 스마트폰 어플

Google Maps
해외여행 필수 어플 중 하나이다.

City Maps 2Go / MAPS.ME
와이파이가 연결되어 있지 않은 상태에서도 사용 가능하다. 휴대폰 데이터 로밍을 하지 않았다면 강추!

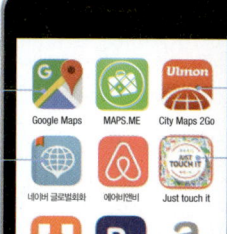

네이버 글로벌회화
9개 언어의 자주 쓰이는 여행 회화 표현들이 정리되어 있으며, 음성도 들을 수 있다.

Just touch it
해외에서 긴급 상황 발생 시 의사 표현을 할 수 있게 도와준다.

트립어드바이저
호텔, 항공권 예약뿐만 아니라 관광 명소와 맛집 정보도 얻을 수 있다.

유레일 필수 어플 Rail Planner
유레일 시간표를 볼 수 있으며, 와이파이 없이 이용 가능하다.

크레마 카탈라나 Crema Catalana

커스터드 크림 위에 설탕을 녹여 올린 디저트이다.
부드러운 커스터드 크림과 바삭한 설탕을 동시에 즐길 수 있다.
프랑스의 유명한 디저트인 '크림 브륄레'의 원조이다.

발음 듣기용

회화 연습용

6
★enjoy★

교통 이용하기

가장 많이 쓰는 표현 Best 3

❶
매표소는 어디에 있어요?
¿Dónde está la taquilla?

❷
똘레도까지 얼마예요?
¿Cuánto cuesta hasta Toledo?

❸
여기에 세워 주세요.
Pare aquí, por favor.

지하철 이용하기

매표소는 어디에 있어요?

¿Dónde está la taquilla?
돈데 에스따 라 따끼야?

요금은 얼마예요?

¿Cuánto es?
꾸안또 에스?

어느 출구로 나가야 하나요?

¿A qué salida tengo que ir?
아 께 살리다 뗑고 께 이르?

다음은 무슨 역이에요?

¿Cuál es la siguiente estación?
꾸알 에스 라 씨기엔떼 에스따씨온?

어디에서 갈아타요?

¿Dónde debo hacer transbordo?
돈데 데보 아쎄르 뜨란스보르도?

단어만 알아도 통한다!

지하철	**metro** 메뜨로
지하철 표	**billete de metro** 비예떼 데 메뜨로
매표소	**taquilla** 따끼야
요금	**pasaje** 빠싸헤
출구	**salida** 살리다
개찰구	**barrera del metro** 바레라 델 메뜨로
갈아타다	**hacer transbordo** 아쎄르 뜨란스보르도
버스를 잘못 타다	**equivocarse de autobús** 에끼보까르세 데 아우또부스

버스 이용하기

이 버스, 마요르 광장에 가요?

¿Este autobús va a la Plaza Mayor?

에스떼 아우또부스 바 아 라 쁠라사 마요르?

네, 갑니다.

Sí, va.

씨, 바

아뇨, 안 가요.

No, no va.

노, 노 바

프라도 미술관에 가는 버스는 몇 번이에요?

¿Qué número de autobús va al Museo del Prado?

께 누메로 데 아우또부스 바 알 무쎄오 델 쁘라도?

69번 버스를 타세요.

Tome el autobús número 69.

또메 엘 아우또부스 누메로 세쎈따이 누에베

버스 요금은 얼마예요?

¿Cuánto cuesta el pasaje de autobús?

꾸안또 꾸에스따 엘 빠사헤 데 아우또부스?

2 유로입니다.

Dos euros.

도스 에우로스

> **Tip**
> 1유로 un euro [운 에우로]
> 2유로 dos euros [도스 에우로스]
> 3유로 tres euros [뜨레스 에우로스]
> 4유로 cuatro euros [꾸아뜨로 에우로스]
> 5유로 cinco euros [씽꼬 에우로스]
> 6유로 seis euros [쎄이스 에우로스]
> 7유로 siete euros [씨에떼 에우로스]
> 8유로 ocho euros [오초 에우로스]
> 9유로 nueve euros [누에베 에우로스]
> 10유로 diez euros [디에스 에우로스]

그란비아 거리에서 내리고 싶은데요.

Quiero bajarme en la Gran Vía.

끼에로 바하르메 엔 라 그란 비아

이번에 내리세요.

Baje en esta parada.

바헤 엔 에스따 빠라다

도착하면 알려 주세요.

Avíseme cuando lleguemos.

아비세메 꾸안도 예게모스

기차표 구입하기

똘레도까지 얼마예요?

¿Cuánto cuesta hasta Toledo?
꾸안또 꾸에스따 아스따 똘레도?

몇 시에 출발해요?

¿A qué hora sale?
아 께 오라 살레?

좀 더 빨리 출발하는 것은 없나요?

¿Hay algún tren que salga antes?
아이 알군 뜨렌 께 살가 안떼스?

어른 2장, 어린이 1장 주세요.

Dos para adulto, uno para niño.
도스 빠라 아둘또 우노 빠라 니뇨

> Tip 1장 uno [우노]
> 2장 dos [도스]
> 3장 tres [뜨레스]

이 기차표를 취소할 수 있나요?

¿Puedo cancelar los billetes de tren?
뿌에도 깐셀라르 로스 비예떼스 데 뜨렌?

편도입니까? 왕복입니까?
¿Es ida o ida y vuelta?
에스 이다 오 이다 이 부엘따?

왕복입니다. / 편도입니다.
Es ida y vuelta. / Es ida.
에스 이다 이 부엘따   에스 이다

편도 요금은 얼마예요?
¿Cuánto cuesta el pasaje de ida?
꾸안또 꾸에스따 엘 빠싸헤 데 이다?

바르셀로나행 왕복표 주세요.
Billete de ida y vuelta para Barcelona, por favor.
비예떼 데 이다 이 부엘따 빠라 바르셀로나 뽀르 파보르

마드리드행 편도표 주세요.
Billete de ida para Madrid, por favor.
비예떼 데 이다 빠라 마드릳 뽀르 파보르

문제가 생겼어요

표를 잃어버렸어요.

Perdí mi billete.

뻬르디 미 비예떼

기차를 잘못 탔어요.

Tomé el tren equivocado.

또메 엘 뜨렌 에끼보까도

기차를 놓쳤어요.

Perdí el tren.

뻬르디 엘 뜨렌

내릴 역을 지나쳐 버렸어요.

Me he pasado de estación.

메 에 빠싸도 데 에스따시온

기차에 짐을 놓고 내렸어요.

Dejé mi maleta en el tren.

데헤 미 말레따 엔 엘 뜨렌

택시 이용하기

택시를 불러 주세요.

Llame un taxi, por favor.
야메 운 딱시 뽀르 파보르

공항까지 요금이 얼마나 나와요?

¿Cuánto cuesta un taxi al aeropuerto?
꾸안또 꾸에스따 운 딱시 알 아에로뿌에르또?

공항까지 시간이 얼마나 걸려요?

¿Cuánto tiempo se tarda hasta el aeropuerto?
꾸안또 띠엠뽀 세 따르다 아스따 엘 아에로뿌에르또?

이 주소로 가 주세요.

Lléveme a esta dirección, por favor.
예베메 아 에스따 디렉씨온 뽀르 파보르

여기에 세워 주세요.

Pare aquí, por favor.
빠레 아끼 뽀르 파보르

렌터카 이용하기

차를 빌리고 싶은데요.

Quiero alquilar un coche.
끼에로 알낄라르 운 꼬체

하루 요금이 얼마예요?

¿Cuánto cuesta el día?
꾸안또 꾸에스따 엘 디아?

어떤 종류의 차를 원하세요?

¿Qué tipo de coche quiere?
께 띠뽀 데 꼬체 끼에레?

며칠간 차를 쓰실 건가요?

¿Cuántos días va a alquilarlo?
꾸안또스 디아스 바 아 알낄라를로?

일주일이요.

Por una semana.
뽀르 우나 쎄마나

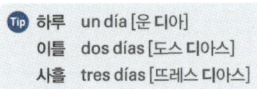

Tip 하루 un día [운 디아]
이틀 dos días [도스 디아스]
사흘 tres días [뜨레스 디아스]

차를 목적지에서 반납할 수 있나요?

¿Puedo devolver el coche en el lugar de destino?

뿌에도 데볼베르 엘 꼬체 엔 엘 루가르 데 데스띠노?

신용카드를 주시겠어요?

¿Me puede dar su tarjeta de crédito?

메 뿌에데 다르 수 따르헤따 데 끄레디또?

면허증을 보여 주세요.

Muéstreme la licencia de conducir.

무에스뜨레메 라 리쎈시아 데 꼰두씨르

도로 지도가 필요해요.

Necesito un mapa de carreteras.

네세씨또 운 마빠 데 까레떼라스

여기에서 저기까지 어떻게 가나요?

¿Cómo puedo llegar allí desde aquí?

꼬모 뿌에도 예가르 아이 데스데 아끼?

교통수단

발렌시아 대성당 Catedral de Santa María de Valencia

바티칸에서도 인정한 최후의 만찬 때 사용한 성배를 보관하고 있는 성당으로 세계 역사 유적으로도 중요한 장소이다.
한 성당 안에 다양한 건축 양식이 혼재되어 있는 것으로도 유명하다.

발음 듣기용   회화 연습용

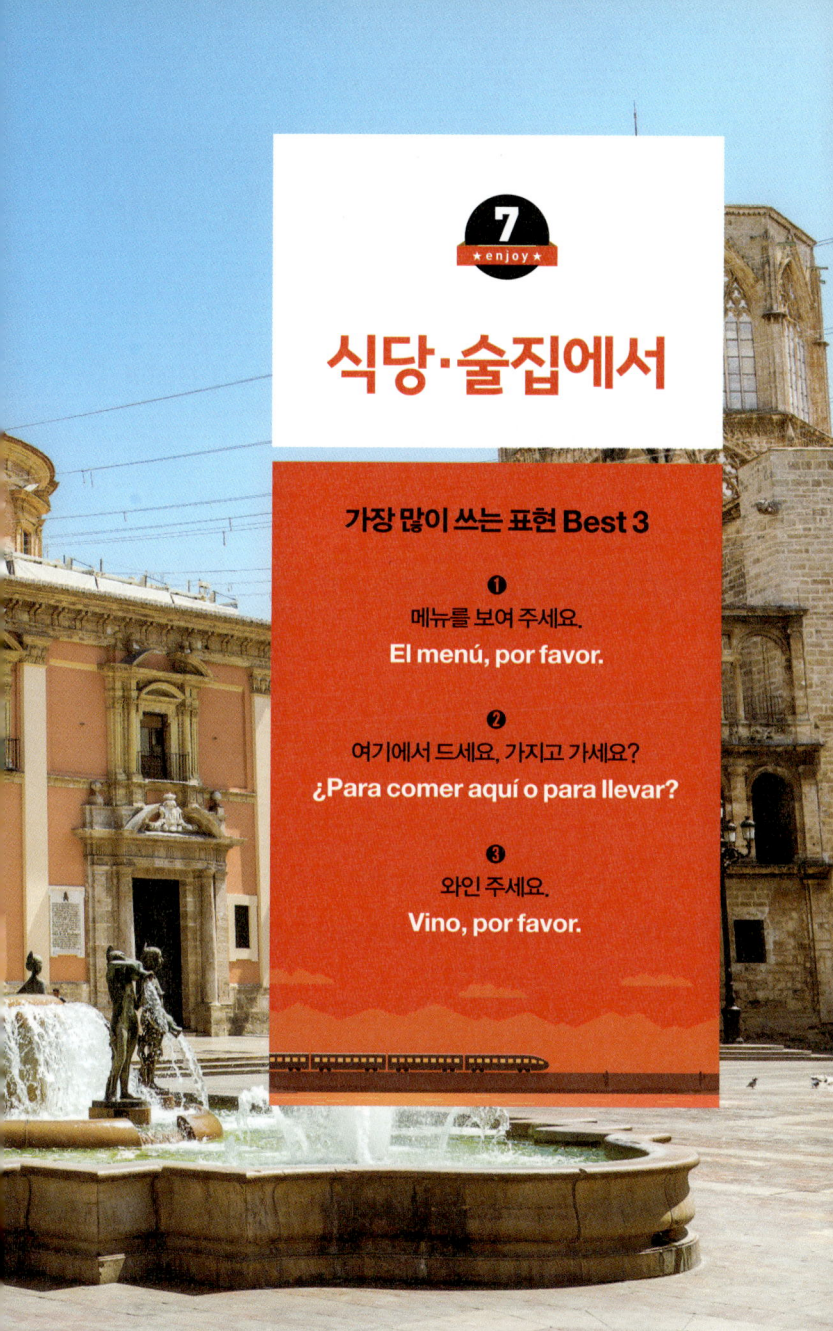

7 식당·술집에서

가장 많이 쓰는 표현 Best 3

❶ 메뉴를 보여 주세요.
El menú, por favor.

❷ 여기에서 드세요, 가지고 가세요?
¿Para comer aquí o para llevar?

❸ 와인 주세요.
Vino, por favor.

식당 예약하기

6시에 예약하고 싶은데요.

Quiero hacer una reservación para las 6 en punto.

끼에로 아쎄르 우나 레세르바씨온 빠라 라스 쎄이스 엔 뿐또

몇 분이신가요?

¿Para cuántas personas?

빠라 꾸안따스 뻬르소나스?

두 명이요.

Para dos personas.

빠라 도스 뻬르소나스

> Tip
> 한 명 una persona [우나 뻬르소나]
> 세 명 tres personas [뜨레스 뻬르소나스]
> 네 명 cuatro personas [꾸아뜨로 뻬르소나스]
> 다섯 명 cinco personas [씽꼬 뻬르소나스]

금연석으로 주세요.

Deme un asiento para no fumadores.

데메 운 아씨엔또 빠라 노 푸마도레스

> Tip 흡연석 asiento para fumadores [아씨엔또 빠라 푸마도레스]

예약을 변경하고 싶은데요.

Quiero cambiar mi reservación.

끼에로 깜비아르 미 레세르바씨온

식당에 도착했을 때

예약은 하셨나요?

¿Tiene una reservación?

띠에네 우나 레세르바씨온?

네, 오후 5시 예약입니다.

Sí, la tengo a las 5 en punto de la tarde.

씨, 라 뗑고 아 라스 씽꼬 엔 뿐또 데 라 따르데

아뇨, 예약 안 했는데요.

No, no la tengo.

노, 노 라 뗑고

두 사람인데 자리 있어요?

¿Hay asientos para dos personas?

아이 아씨엔또스 빠라 도스 뻬르소나스?

죄송하지만, 지금은 자리가 없습니다.

Lo siento, ahora no hay asientos.

로 씨엔또 아오라 노 아이 아씨엔또스

음식 주문하기

메뉴를 보여 주세요.

El menú, por favor.

엘 메누 뽀르 파보르

주문하시겠습니까?

¿Está listo para pedir?

에스따 리스또 빠라 뻬디르?

지금 주문해도 돼요?

¿Puedo pedir ahora?

뿌에도 뻬디르 아오라?

주문은 잠시 후에 할게요.

Voy a pedir un poco más tarde.

보이 아 뻬디르 운 뽀꼬 마스 따르데

메뉴판을 다시 볼 수 있을까요?

¿Puedo ver el menú de nuevo?

뿌에도 베르 엘 메누 데 누에보?

이건 뭔가요?
¿Qué es esto?
께 에스 에스또?

그걸로 할게요.
Voy a comerlo.
보이 아 꼬메를로

같은 걸로 주세요.
Tráigame lo mismo.
뜨라이가메 로 미스모

음료는 뭘로 하시겠어요?
¿Qué le traigo para beber?
께 레 뜨라이고 빠라 베베르?

더 필요하신 건 없습니까?
¿Necesita algo más?
네세씨따 알고 마스?

식당에서

스페인 식당 메뉴판 읽기

타파스
tapas
따빠스

하몬
jamón
하몬

가스파초
gazpacho
가스빠초

추로스
churros
추로스

토르띠야
tortilla
또르띠야

바깔라오
bacalao
바깔라오

보카디요
bocadillo

보까디요

초리소
chorizo

초리쏘

빠에야
paella

빠에야

칼솟
calçotada

깔소따다

상그리아
sangría

상그리아

✈️ 문제가 생겼어요

더 기다려야 하나요?

¿Hay que esperar más?
아이 께 에스뻬라르 마스?

저기로 옮겨도 돼요?

¿Puedo pasarme ahí?
뿌에도 빠싸르메 아이?

이건 제가 주문한 게 아닌데요.

Yo no he pedido esto.
요 노 에 뻬디도 에스또

포크를 떨어뜨렸어요.

Se me cayó el tenedor.
세 메 까요 엘 떼네도르

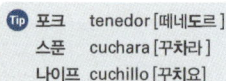

Tip 포크   tenedor [떼네도르]
    스푼   cuchara [꾸차라]
    나이프 cuchillo [꾸치요]

머리카락이 나왔어요.

Hay un pelo.
아이 운 뻴로

계산하기

계산서 주세요.

La cuenta, por favor.

라 꾸엔따 뽀르 파보르

계산을 따로 할게요.

Vamos a pagar por separado.

바모스 아 빠가르 뽀르 세빠라도

전부 얼마예요?

¿Cuánto es el total?

꾸안또 에스 엘 또딸?

거스름돈을 잘못 주신 것 같아요.

El cambio es incorrecto.

엘 깜비오 에스 인꼬렉또

합계가 잘못됐어요.

El precio total es incorrecto.

엘 쁘레시오 또딸 에스 인꼬렉또

팁이 포함된 금액이에요?

¿La propina está incluida?

라 쁘로삐나 에스따 인끌루이다?

이 금액은 뭐죠?

¿Qué cobro es este?

께 꼬브로 에스 에스떼?

선불인가요?

¿Hay que pagar por adelantado?

아이 께 빠가르 뽀르 아델란**따**도?

어떻게 지불하실 건가요?

¿Cómo va a pagar?

꼬모 바 아 빠가르?

신용카드로 지불할 수 있나요?

¿Puedo pagar con tarjeta de crédito?

뿌**에**도 빠가르 꼰 따르헤따 데 끄레디또?

커피숍에서

아이스커피 한 잔 주세요.

Un café con hielo, por favor.

운 까페 꼰 이엘로 뽀르 파보르

> Tip 한 개 uno [우노]
> 두 개 dos [도스]
> 세 개 tres [뜨레스]

어떤 사이즈로 드려요?

¿De qué tamaño?

데 께 따마뇨?

톨 사이즈로 주세요.

Tamaño grande.

따마뇨 그란데

> Tip 스몰 사이즈 tamaño pequeño [따마뇨 뻬께뇨]
> 톨 사이즈 tamaño grande [따마뇨 그란데]

여기에서 드세요, 가지고 가세요?

¿Para comer aquí o para llevar?

빠라 꼬메르 아끼 오 빠라 예바르?

가지고 갈 거예요.

Para llevar.

빠라 예바르

스페인어 숫자 읽기

1 uno [우노]	**2** dos [도스]	**3** tres [뜨레스]	**4** cuatro [꾸아뜨로]
5 cinco [씽꼬]	**6** seis [쎄이스]	**7** siete [씨에떼]	**8** ocho [오초]
9 nueve [누에베]	**10** diez [디에스]	**11** once [온쎄]	**12** doce [도쎄]
13 trece [뜨레쎄]	**14** catorce [까또르쎄]	**15** quince [낀쎄]	**16** dieciséis [디에시쎄이스]
17 diecisiete [디에시씨에떼]	**18** dieciocho [디에시오초]	**19** diecinueve [디에시누에베]	**20** venite [베인떼]
30 treinta [뜨레인따]	**40** cuarenta [꾸아렌따]	**50** cincuenta [씽꾸엔따]	**60** sesenta [세쎈따]
70 setenta [세뗀따]	**80** ochenta [오첸따]	**90** noventa [노벤따]	**100** cien [씨엔]
200 doscientos [도스씨엔또스]	**300** trescientos [뜨레스씨엔또스]	**400** cuatrocientos [꾸아뜨로씨엔또스]	**500** quinientos [끼니엔또스]
600 seiscientos [쎄이스씨엔또스]	**700** setecientos [세떼씨엔또스]	**800** ochocientos [오초씨엔또스]	**900** novecientos [노베씨엔또스]
1,000 mil [밀]	**10,000** diez mil [디에스 밀]	**100,000** cien mil [씨엔 밀]	

술집에서

뭐 드시겠어요?
¿Qué le gustaría tomar?
께 레 구스따리아 또마르?

생맥주 한 잔 주세요.
Una cerveza de barril, por favor.
우나 쎄르베사 데 바릴 뽀르 파보르

와인 주세요.
Vino, por favor.
비노 뽀르 파보르

> **Tip** 레드 와인 vino tinto [비노 띤또]
> 화이트 와인 vino blanco [비노 블랑꼬]
> 로제 와인 vino rosado [비노 로싸도]

한 잔 더 주세요.
Un vaso más, por favor.
운 바소 마스 뽀르 파보르

건배!
¡Salud!
살루드!

예술과 과학 단지 ciudad de las artes y las ciencias

발렌시아의 대규모 사업으로 진행되었던 미래형 단지인 예술과 과학 단지는
스페인의 랜드마크 중 하나이다. 각각의 건축물이
특유의 멋을 갖고 있으며, 특히 야경이 아름답기로 유명하다.

발음 듣기용 회화 연습용

8 관광 즐기기

가장 많이 쓰는 표현 Best 3

❶
관광 안내소는 어디에 있어요?
¿Dónde está la oficina de turismo?

❷
여기에서 사진을 찍어도 돼요?
¿Podría tomar una foto por aquí?

❸
영어 자막이 있나요?
¿Hay subtítulos en inglés?

관광하기

관광 안내소는 어디에 있어요?

¿Dónde está la oficina de turismo?

돈데 에스따 라 오피씨나 데 뚜리스모?

구경하기 좋은 곳은 어디예요?

¿Dónde hay un buen lugar para visitar?

돈데 아이 운 부엔 루가르 빠라 비씨따르?

걸어서 갈 수 있는 거리인가요?

¿Puedo ir andando?

뿌에도 이르 안단도?

나이트 투어는 있나요?

¿Hay un recorrido de noche?

아이 운 레꼬리도 데 노체?

시내 투어에 참가하고 싶은데요.

Me gustaría participar en el recorrido por la ciudad.

메 구스따리아 빠르띠씨빠르 엔 엘 레꼬리도 뽀르 라 씨우닫

관광 명소 구경하기

입장료는 얼마예요?

¿Cuánto cuesta la entrada?
꾸안또 꾸에스따 라 엔뜨라다?

몇 시에 폐관해요?

¿A qué hora cierran?
아 께 오라 씨에란?

짐 맡기는 곳이 있나요?

¿Hay un lugar donde dejar el equipaje?
아이 운 루가르 돈데 데하르 엘 에끼빠헤?

들어가려면 얼마나 기다려야 해요?

¿Cuánto tiempo debo esperar para entrar?
꾸안또 띠엠뽀 데보 에스뻬라르 빠라 엔뜨라르?

팸플릿 있나요?

¿Hay folletos?
아이 포예또스?

사진 찍기

사진 좀 찍어 주시겠어요?

¿Podría tomarme una foto?
뽀드리아 또마르메 우나 포또?

같이 사진 찍을 수 있어요?

¿Podría tomar una foto con usted?
뽀드리아 또마르 우나 포또 꼰 우스뗃?

당신 사진을 찍어도 될까요?

¿Podría tomar una foto de usted?
뽀드리아 또마르 우나 포또 데 우스뗃?

여기에서 사진을 찍어도 돼요?

¿Podría tomar una foto aquí?
뽀드리아 또마르 우나 포또 아끼?

사진 찍어 드릴까요?

¿Le tomo una foto?
레 또모 우나 포또?

이 버튼을 누르시면 돼요.

Presione este botón.

쁘레시오네 에스떼 보똔

준비됐어요?

¿Está listo?

에스따 리스또?

'치즈' 하세요.

Diga 'Patata'.

디가 빠따따

카메라를 보세요.

Mire la cámara.

미레 라 까마라

한 장 더 부탁드려요.

Una foto más, por favor.

우나 포또 마스 뽀르 파보르

공연 관람하기

지금 어떤 것이 상연 중인가요?

¿Qué pasan ahora?

께 빠싼 아오라?

다음 공연은 몇 시예요?

¿A qué hora empieza la siguiente función?

아 께 오라 엠삐에싸 라 시기엔떼 푼시온?

공연 시간은 얼마나 돼요?

¿Cuánto dura la función?

꾸안또 두라 라 푼시온?

영어 자막이 있나요?

¿Hay subtítulos en inglés?

아이 숩띠뚤로스 엔 잉글레스?

앞쪽 좌석으로 주세요.

Deme un asiento de adelante.

데메 운 아시엔또 데 아델란떼

스포츠 관람하기

어느 팀과 어느 팀의 경기인가요?

¿Con qué equipo juegan?

꼰 께 에끼뽀 후에간?

지금 표를 살 수 있나요?

¿Puedo comprar el billete ahora?

뿌에도 꼼쁘라르 엘 비예떼 아오라?

죄송합니다. 매진됐습니다.

Lo siento. Se han agotado.

로 씨엔또 세 안 아고따도

예약했는데요.

Tengo una reservación.

뗑고 우나 레쎄르바씨온

파이팅!

¡Ánimo!

아니모!

알암브라 성 Alhambra

유네스코가 지정한 세계문화유산으로,
스페인 남부의 그나라다 지역에서 머물던 아랍 군주의 저택이었다.
유명한 기타 연주곡인 'Recuerdos de la Alhambra' (알암브라 성의 추억)는
제목 그대로 알암브라 성을 모티브로 했다.

9
★ enjoy ★

쇼핑하기

가장 많이 쓰는 표현 Best 3

❶
입어 봐도 돼요?
¿Puedo probármelo?

❷
이거 얼마예요?
¿Cuánto cuesta?

❸
이것 좀 보여 주세요.
Déjeme ver esto.

물건 살펴보기

무엇을 도와드릴까요?
¿En qué puedo servirle?
엔 께 뿌에도 세르비를레?

그냥 둘러보는 중이에요.
Solo estoy mirando.
쏠로 에스또이 미란도

기념품을 찾고 있는데요.
Estoy buscando recuerdos.
에스또이 부스깐도 레꾸에르도스

저거 볼 수 있어요?
¿Puedo ver eso?
뿌에도 베르 에소?

이것 좀 보여 주세요.
Déjeme ver esto.
데헤메 베르 에스또

다른 것도 보여 주세요.

Déjeme ver otro.

데헤메 베르 오뜨로

입어 봐도 돼요?

¿Puedo probármelo?

뿌에도 쁘로바르멜로?

이거 세일해요?

¿Está de rebaja?

에스따 데 레바하?

색깔은 어떤 것이 있나요?

¿Qué colores hay?

께 꼴로레스 아이?

좀 더 싼 걸 보여 주세요.

Muéstreme algo más barato.

무에스뜨레메 알고 마스 바라또

쇼핑하기

단어만 알아도 통한다!

빨간색 ●	**rojo** 로호	파란색 ●	**azul** 아쑬
노란색 ●	**amarillo** 아마리요	초록색 ●	**verde** 베르데
분홍색 ●	**rosado** 로싸도	보라색 ●	**morado** 모라도
갈색 ●	**marrón** 마론	주황색 ●	**anaranjado** 아나랑하도
베이지 ●	**beige** 베이헤	회색 ●	**gris** 그리스
흰색 ○	**blanco** 블랑꼬	검은색 ●	**negro** 네그로

| 크다 | **grande** 그란데 | 작다 | **pequeño** 뻬께뇨 |

| 길다 | **largo** 라르고 | 짧다 | **corto** 꼬르또 |

| 꽉 끼다 | **apretado** 아쁘레따도 | 헐렁하다 | **flojo** 플로호 |

| (디자인이) 소박하다 | **sencillo** 센씨요 | (색, 무늬가) 요란하다 | **llamativo** 야마띠보 |

| (색이) 밝다 | **claro** 끌라로 | (색이) 어둡다 | **obscuro** 오스꾸로 |

| 비싸다 | **caro** 까로 | 싸다 | **barato** 바라또 |

물건 사기

이거 얼마예요?

¿Cuánto cuesta?

꾸안또 꾸에스따?

너무 비싸네요.

Es demasiado caro.

에스 데마시아도 까로

좀 할인해 줄 수 없나요?

¿Puede usted bajar el precio?

뿌에데 우스뗃 바하르 엘 쁘레시오?

깎아 주시면 살게요.

Voy a comprarlo si me hace un descuento.

보이 아 꼼쁘라를로 씨 메 아쎄 운 데스꾸엔또

이거 세일 금액인가요?

¿El precio está de rebaja?

엘 쁘레시오 에스따 데 레바하?

쿠폰 있는데 할인돼요?

¿Hay descuento con cupón?
아이 데스꾸엔또 꼰 꾸뽄?

이거 면세되나요?

¿Es libre de impuestos?
에스 리브레 데 임뿌에스또스?

이걸로 주세요.

Me lo llevo.
멜로 예보

포장해 주세요.

Envuélvalo, por favor.
엔부엘발로 뽀르 파보르

신용카드로 지불해도 되나요?

¿Puedo pagar con tarjeta de crédito?
뿌에도 빠가르 꼰 따르헤따 데 끄레디또?

쇼핑하기

옷 사기

의류 매장이 어디에 있나요?

¿Dónde está la sección de ropa?

돈데 에스따 라 섹씨온 데 로빠?

원피스를 사려고 하는데요.

Quiero comprar un vestido.

끼에로 꼼쁘라르 운 베스띠도

사이즈가 어떻게 되세요?

¿Qué talla tiene?

께 따야 띠에네?

M 사이즈로 주세요.

Talla M, por favor.

따야 에메 뽀르 파보르

탈의실은 어디예요?

¿Dónde está el probador?

돈데 에스따 엘 쁘로바도르?

잘 맞네요.
Me queda bien.
메 께다 비엔

좀 커요.
Me queda un poco grande.
메 께다 운 뽀꼬 그란데

너무 커요.
Me queda muy grande.
메 께다 무이 그란데

좀 꽉 껴요.
Me queda un poco apretado.
메 께다 운 뽀꼬 아쁘레따도

너무 헐렁해요.
Me queda muy flojo.
메 께다 무이 플로호

좀 더 작은 걸로 보여 주세요.

Muéstreme algo más pequeño.

무에스뜨레메 알고 마스 뻬께뇨

다른 스타일은 없나요?

¿Hay otro estilo?

아이 오뜨로 에스띨로?

다른 색상은 없나요?

¿Hay otro color?

아이 오뜨로 꼴로르?

똑같은 걸로 검은색 있나요?

¿Tiene el negro en este modelo?

띠에네 엘 네그로 엔 에스떼 모델로?

어느 게 더 나아 보여요?

¿Cuál le parece mejor?

꾸알 레 빠레쎄 메호르?

단어만 알아도 통한다!

 치마 **falda**
팔다

 원피스 **vestido**
베스띠도

 바지 **pantalones**
빤딸로네스

 청바지 **vaqueros**
바께로스

 티셔츠 **camiseta**
까미세따

 후드 티셔츠 **sudadera**
수다데라

 재킷 **chaqueta**
차께따

 목도리 **bufanda**
부판다

신발 사기

운동화를 찾고 있어요.

Estoy buscando zapatillas deportivas.

에스또이 부스깐도 싸빠띠야스 데뽀르띠바스

발 사이즈가 어떻게 되세요?

¿Qué talla tiene?

께 타야 띠에네?

38입니다.

38.

뜨레인따 이 오초

> Tip
> 36 treinta y seis [뜨레인따 이 쎄이스]
> 37 treinta y siete [뜨레인따 이 씨에떼]
> 38 treinta y ocho [뜨레인따 이 오초]
> 42 cuarenta y dos [꾸아렌따 이 도스]
> 43 cuarenta y tres [꾸아렌따 이 뜨레스]
> 44 cuarenta y cuatro [꾸아렌따 이 꾸아뜨로]

이걸 한번 신어 보세요.

Póngase estos.

뽕가세 에스또스

앞이 조금 조여요.

Me aprietan un poco en la parte delantera.

메 아쁘리에딴 운 뽀고 엔 라 빠르떼 델란떼라

단어만 알아도 통한다!

운동화 **zapatillas deportivas**
싸빠띠야스 데뽀르띠바스

구두 **zapatos**
싸빠또스

하이힐 **tacones altos**
따꼬네스 알또스

샌들 **sandalias**
산달리아스

슬리퍼 **pantuflas**
빤뚜플라스

부츠 **botas**
보따스

양말 **calcetines**
깔쎄띠네스

스타킹 **medias**
메디아스

화장품 사기

화장품 코너는 어디에 있나요?

¿Dónde está la sección de cosméticos?

돈데 에스따 라 섹씨온 데 꼬스메띠꼬스?

립스틱을 찾고 있는데요.

Estoy buscando lápices labiales.

에스또이 부스깐도 라삐쎄스 라비알레스

샘플 발라 봐도 되나요?

¿Puedo probarme la muestra?

뿌에도 쁘로바르메 라 무에스뜨라?

저한테는 어울리지 않네요.

No me queda bien.

노 메 께다 비엔

저는 민감성 피부예요.

Tengo la piel sensible.

뗑고 라 삐엘 센씨블레

> **Tip**
> 민감성 피부 piel sensible [삐엘 센씨블레]
> 건성 피부 piel seca [삐엘 쎄까]
> 지성 피부 piel grasa [삐엘 그라싸]
> 복합성 피부 piel mixta [삐엘 믹스따]

단어만 알아도 통한다!

스킨 **tónico**
또니꼬

수분 크림 **crema hidratante**
끄레마 이드라딴떼

향수 **perfume**
뻬르푸메

아이라이너 **lápiz para ojos**
라삐스 빠라 **오호스**

파운데이션 **fundación**
푼다씨온

아이섀도 **sombra de ojos**
솜브라 데 **오호스**

립스틱 **lápiz labial**
라삐스 라비알

매니큐어 **manicura**
마니꾸라

슈퍼마켓에서

과일은 어디에 있나요?

¿Dónde está la sección de frutas?
돈데 에스따 라 섹씨온 데 프루따스?

쇼핑 카트는 어디에 있어요?

¿Dónde hay carritos para la compra?
돈데 아이 까리또스 빠라 라 꼼쁘라?

왼쪽에 있어요. / 오른쪽에 있어요.

A la izquierda. / A la derecha.
아 라 이스끼에르다   아 라 데레차

다 팔렸어요?

¿Se han agotado?
세 안 아고따도?

얼마예요?

¿Cuánto cuesta?
꾸안또 꾸에스따?

교환과 환불

이거 반품하고 싶은데요.

Quiero devolverlo.
끼에로 데볼베를로

환불할 수 있어요?

¿Puedo recibir un reembolso?
뿌에도 레씨비르 운 레엠볼소?

사이즈를 바꿔 주세요.

Cámbieme la talla, por favor.
깜비에메 라 따야 뽀르 파보르

전혀 작동하지 않아요.

No funciona nada.
노 푼시오나 나다

영수증 있으세요?

¿Tiene usted el tique de compra?
띠에네 우스뗃 엘 띠께 데 꼼쁘라?

이비자 Eivissa

유럽의 젊은이들이 꼭 한번 방문하고 싶어하는 도시로 꼽는 곳으로,
천혜의 자연과 신나는 클럽 문화가 어우러져 색다른 문화를 체험할 수 있는 곳이다.
시끄러운 클럽 문화가 싫다면 해변가에서 한적한 시간을 보내도 좋다.

발음 듣기용

회화 연습용

10
★enjoy★

친구 만들기

가장 많이 쓰는 표현 Best 3

❶
한국에서 왔어요.
Soy de Corea.

❷
회사원이에요.
Soy empleado de una compañía.

❸
대학생이에요.
Soy universitario.

말문 떼기

만나서 반가워요.

Mucho gusto.
무초 구스또

누군가를 기다리고 계세요?

¿Está esperando a alguien?
에스따 에스뻬란도 아 알기엔?

여기 참 멋진 곳이네요.

Es un lugar maravilloso.
에스 운 루가르 마라비요소

날씨가 좋네요.

Hace buen tiempo.
아쎄 부엔 띠엠뽀

어디에서 오셨어요?

¿De dónde es usted?
데 돈데 에스 우스뗃?

자기소개 하기

제 이름은 최수지예요.

Mi nombre es Suji Choi.
미 놈브레 에스 수지 초이

한국에서 왔어요.

Soy de Corea.
소이 데 꼬레아

마드리드는 처음이에요.

Es la primera vez que visito Madrid.
에스 라 쁘리메라 베스 께 비씨또 마드릳

> **Tip**
> 처음 primero [쁘리메로]
> 두 번째 segundo [세군도]
> 세 번째 tercero [떼르쎄로]

대학생이에요.

Soy universitario.
소이 우니베르씨따리오

회사원이에요.

Soy empleado de una compañía.
소이 엠쁠레아도 데 우나 꼼빠니아

친구만들기

칭찬하기

귀여워요.
Tierno.
띠에르노

잘생겼어요.
Guapo.
구아뽀

젊어 보여요.
Se ve joven.
세 베 호벤

그거 정말 좋은데요.
Muy bien.
무이 비엔

대단한데요.
Maravilloso.
마라비요쏘

연락처 주고받기

또 연락을 하고 싶어요.

Quiero estar en contacto con usted.
끼에로 에스따르 엔 꼰딱또 꼰 우스뗃

이메일 주소 좀 가르쳐 주시겠어요?

¿Puede enseñarme su correo electrónico?
뿌에데 엔세냐르메 수 꼬레오 엘렉뜨로니꼬?

여기요.

Aquí tiene.
아끼 띠에네

적어 주시겠어요?

¿Puede usted escribírmelo?
뿌에데 우스뗃 에스끄리비르멜로?

페이스북 계정이 있으세요?

¿Tiene una cuenta de Facebook?
띠에네 우나 꾸엔따 데 페이스북?

친구만들기

삶은 문어 요리 Pulpo a la gallega
삶은 문어에 소금과 파프리카, 올리브 오일 등을 뿌려
삶은 감자, 빵 등과 곁들여 먹는 스페인 전통 요리이다.

11 ★enjoy★
긴급 상황 발생

가장 많이 쓰는 표현 Best 3

❶
도둑이야!
¡Ladrón!

❷
여권을 잃어버렸어요.
Perdí mi visado.

❸
경찰을 불러 주세요.
Llame a la policía, por favor.

도움 청하기

사람 살려!

¡Socorro!

소꼬로!

불이야!

¡Incendio!

인쎈디오!

조심하세요!

¡Cuidado!

꾸이다도!

도둑이야!

¡Ladrón!

라드론!

저놈 잡아라!

¡Deténgalo!

데뗑갈로!

소매치기를 당했어요.

Me han robado.

메 안 로바도

문제가 생겼어요.

Tengo un problema.

뗑고 운 쁘로블레마

한국어 할 줄 아는 사람 있나요?

¿Hay alguien que hable coreano?

아이 알기엔 께 **아**블레 꼬레**아**노?

경찰서가 어디죠?

¿Dónde está la comisaría de policía?

돈데 에스**따** 라 꼬미사리아 데 뽈리씨아?

여기에 데려다주세요.

Lléveme a este lugar.

예베메 아 **에**스떼 루가르

긴급상황

단어만 알아도 통한다!

경찰서	**comisaría de policía** 꼬미싸리아 데 뽈리씨아
경찰	**policía** 뽈리씨아
병원	**hospital** 오시삐딸
구급차	**ambulancia** 암불란씨아
의사	**médico** 메디꼬
약국	**farmacia** 파르마씨아
소방서	**parque de bomberos** 빠르께 데 봄베로스
대사관	**embajada** 엠바하다

도난당하거나 분실했을 때

핸드폰을 잃어버렸어요.

Perdí mi celular.
뻬르디 미 셀룰라르

여권을 잃어버렸어요.

Perdí mi visado.
뻬르디 미 비사도

지갑을 도둑맞았어요.

Me han robado la cartera.
메 안 로바도 라 까르떼라

가방을 찾을 수가 없어요.

No puedo encontrar la maleta.
노 뿌에도 엔꼰뜨라르 라 말레따

가방을 기차에 두고 내렸어요.

Dejé mi maleta en el tren.
데헤 미 말레따 엔 엘 뜨렌

여기에서 지갑 못 보셨어요?

¿Ha visto mi cartera por aquí?

아 비스또 미 까르떼라 뽀르 아끼?

어디에서 잃어버렸습니까?

¿Dónde la ha perdido?

돈데 라 아 뻬르디도?

어디에서 잃어버렸는지 모르겠어요.

No sé dónde la he perdido.

노 쎄 돈데 라 에 뻬르디도

분실 신고서를 써 주세요.

Llene el formulario de declaración de pérdida.

예네 엘 포르물라리오 데 데끌라라씨온 데 뻬르디다

찾으면 여기로 연락 주세요.

Póngase en contacto con esta dirección cuando la encuentre.

뽕가세 엔 꼰딱또 꼰 에스따 디렉씨온 꾸안도 라 엔꾸엔뜨레

교통사고가 났을 때

경찰을 불러 주세요.

Llame a la policía, por favor.

야메 아 라 뽈리씨아 뽀르 파보르

구급차를 불러 주세요.

Llame una ambulancia, por favor.

야메 우나 암불란씨아 뽀르 파보르

의사를 빨리 데려와 주세요.

Llame al médico.

야메 알 메디꼬

교통사고가 났어요.

Hubo un accidente.

우보 운 악씨덴데

차에 치였어요.

Fui atropellado por un coche.

후이 아뜨로뻬야도 뽀르 운 꼬체

✈️ 아플 때

여기가 아파요.

Me duele aquí.
메 두엘레 아끼

너무 아파서 움직일 수가 없어요.

No puedo moverme por el dolor.
노 뿌에도 모베르메 뽀르 엘 돌로르

피가 나요.

Me sale sangre.
메 살레 쌍그레

열이 좀 있어요.

Tengo un poco de fiebre.
뗑고 운 뽀꼬 데 피에브레

설사를 해요.

Tengo diarrea.
뗑고 디아레아

단어만 알아도 통한다!

아파요.	**Me duele.** 메 두엘레
어지러워요.	**Estoy mareado.** 에스또이 마레아도
오한이 나요.	**Tengo escalofríos.** 뗑고 에스깔로프리오스
가려워요.	**Siento comezón.** 씨엔또 꼬메손
부었어요.	**Me he hinchado.** 메 에 인차도
출혈	**hemorragia** 에모라히아
감염	**infección** 인펙시온
염좌, 삠	**torcedura** 또르쎄두라

스피드 인덱스

자주 쓰는 표현 BEST 30

감사합니다.	11
미안해요.	11
저기요.	11
아니요, 괜찮아요.	11
네, 부탁해요.	11
잘 모르겠어요.	12
스페인어를 못해요.	12
뭐라고요?	12
좀 더 천천히 말씀해 주세요.	12
얼마예요?	12
그냥 둘러보는 중이에요.	13
할인해 주세요.	13
입어 봐도 돼요?	13
이거 주세요.	13
환불하고 싶어요.	13
포장해 주시겠어요?	14
거기에 어떻게 가요?	14
얼마나 걸려요?	14
여기에서 멀어요?	14
가장 가까운 역이 어디예요?	14
어디에서 갈아타요?	15
택시를 불러 주세요.	15
힐튼 호텔로 가 주세요.	15
여기가 어디예요?	15
예약했는데요.	15
사진을 찍어 주시겠어요?	16
화장실이 어디예요?	16
이걸로 할게요.	16
물 한 잔 주세요.	16
계산서 주세요.	16

기초회화 Pattern 8

~ 주세요
물 좀 주세요.	18
한 잔 더 주세요.	18
메뉴판 좀 주세요.	18
영수증 주세요.	18
창가 쪽 자리로 주세요.	18

~은 어디예요?
버스 정류장은 어디예요?	19
화장실은 어디예요?	19
매표소는 어디예요?	19
피팅룸은 어디예요?	19
가장 가까운 편의점은 어디예요?	19

~ 찾고 있는데요
기차역을 찾고 있는데요.	20
열쇠를 찾고 있는데요.	20
안내소를 찾고 있는데요.	20
쇼핑몰을 찾고 있는데요.	20

~이 필요해요
담요가 필요해요.	21
뜨거운 물이 필요해요.	21
통역이 필요해요.	21
지도가 필요해요.	21
모닝콜이 필요해요.	21

~하고 싶어요
이것 좀 보고 싶어요.	22
저걸 먹고 싶어요.	22
거기 가고 싶어요.	22
예약하고 싶어요.	22

환불하고 싶어요.	22	나중에 봐요.	29
		좋은 하루 보내세요.	29
		행운을 빌어요.	29

~ 있어요?
빈방 있어요?	23
두 사람 자리 있어요?	23
다른 색 있어요?	23
다른 스타일 있어요?	23
더 싼 거 있어요?	23

감사 인사
감사합니다.	30
정말 감사합니다.	30
천만에요.	30
도와주셔서 감사합니다.	30
와 주셔서 감사합니다.	30

~해 주시겠어요?
천천히 말씀해 주시겠어요?	24
다시 한번 말씀해 주시겠어요?	24
길 좀 알려 주시겠어요?	24
사진 좀 찍어 주시겠어요?	24
택시 좀 불러 주시겠어요?	24

사과하기
미안합니다.	31
정말 죄송했습니다.	31
늦어서 미안해요.	31
어쩔 수 없었어요.	31
제 잘못이에요.	31

~해도 돼요?
입어 봐도 돼요?	25
여기에서 사진 찍어도 돼요?	25
들어가도 돼요?	25
자리를 바꿔도 돼요?	25
이거 써도 돼요?	25

긍정 표현
좋아요.	32
알겠습니다.	32
물론이죠.	32
저도 그렇게 생각해요.	32
맞아요.	32

1. 초간단 기본표현

인사하기
안녕하세요. (아침)	28
안녕하세요. (점심)	28
안녕하세요. (저녁)	28
좋은 밤 보내세요.	28
처음 뵙겠습니다.	28
안녕히 가세요.	29
또 만나요.	29

부정 표현
아니요, 그렇지 않아요.	33
그렇게 생각 안 해요.	33
유감이군요.	33
아니요, 됐어요.	33
잘 모르겠어요.	33

도움 청하기
좀 도와주시겠어요? 34
부탁해도 될까요? 34
잠깐 시간 괜찮으세요? 34
말씀 중에 죄송합니다. 34
제 가방 좀 봐 주시겠어요? 34

스페인어를 못해요
스페인어를 못해요. 35
잘 모르겠어요. 35
좀 더 천천히 말씀해 주세요. 35
한 번 더 말씀해 주세요. 35
여기에 적어 주세요. 35

2. 기내에서

자리 찾기
제 자리를 찾고 있는데요. 38
탑승권을 보여 주시겠습니까? 38
이쪽으로 오세요. 38
좀 지나갈게요. 38
거기는 제 자리인데요. 38

승무원에게 필요한 것 말하기
저기요. 39
담요 좀 주세요. 39
베개 좀 주세요. 39
면세품 살 수 있어요? 39
뭐 마실 것 좀 주시겠어요? 39

기내식 먹기
식사 때 깨워 주세요. 41
식사는 필요 없어요. 41
쇠고기와 생선 중 어느 것으로 하시겠습니까? 41
쇠고기 주세요. 41
앞 테이블을 내려 주시겠어요? 41
커피 드릴까요, 차 드릴까요? 42
음료는 뭐가 있나요? 42
물도 한 컵 주세요. 42
한 잔 더 주시겠어요? 42
식사 다 하셨습니까? 42

기내에서 아플 때
몸이 안 좋아요. 44
배가 아파요. 44
두통약 있어요? 44
멀미약 좀 주세요. 44
구토 봉투 있어요? 44

3. 공항에서

탑승 수속하기
국제선 터미널은 어디예요? 48
부치실 짐이 있습니까? 48
어느 출구로 가면 돼요? 48
곧 탑승을 시작하겠습니다. 48
좌석은 통로쪽, 창가쪽 어디로 하시겠습니까? 48

입국 심사
여권을 보여 주시겠어요? 49
여기요. 49
방문 목적은 무엇입니까? 49
관광차 왔어요. 49
사업 때문에 왔습니다. 49

어디에 머물 예정인가요?	50
그랜드 호텔에서요.	50
친구네 집에서요.	50
얼마나 머물 예정입니까?	50
5일간이요.	50

수하물 찾기
짐은 어디에서 찾나요?	52
무슨 항공편으로 오셨나요?	52
좀 도와주세요.	52
제 짐을 찾을 수가 없어요.	52
제 짐이 아직 안 나왔어요.	52

세관 검사
특별히 신고할 물건은 없습니까?	53
아니요, 없습니다.	53
가방 안에는 뭐가 있죠?	53
개인적인 용품들이에요.	53
가방을 열어 주시겠어요?	53

환전하기
환전하는 곳은 어디예요?	54
환전하려고 하는데요.	54
달러를 유로로 환전할 수 있나요?	54
돈은 어떻게 드릴까요?	54
10유로와 50유로로 주세요.	54

4. 호텔에서

체크인 하기
지금 체크인 할 수 있어요?	58
예약은 하셨나요?	58
네, 제 이름은 최수지입니다.	58
이 서류를 작성해 주세요.	58
여기, 방 열쇠입니다.	58

숙소를 예약하지 않았을 때
빈방 있나요?	59
어떤 방을 원하세요?	59
싱글룸으로 주세요.	59
1박에 얼마예요?	59
좀 더 싼 방은 없나요?	59

룸서비스, 편의시설 이용하기
룸서비스 부탁합니다.	60
비누와 샴푸를 더 가져다주시겠어요?	60
얼음이랑 물 좀 주세요.	60
7시에 모닝콜 부탁합니다.	60
택시를 불러 주시겠어요?	60
세탁 서비스 돼요?	61
언제쯤 될까요?	61
수건을 좀 더 주세요.	61
인터넷을 사용할 수 있나요?	61
와이파이 비밀번호가 뭐예요?	61

문제가 생겼어요
열쇠를 안에 두고 나왔어요.	63
방 열쇠를 잃어버렸어요.	63
202호입니다.	63
텔레비전이 잘 안 나와요.	63
너무 시끄러워요.	63
시트가 더러워요.	64
방이 너무 추워요.	64
에어컨이 안 돼요.	64
뜨거운 물이 안 나와요.	64
화장실 물이 잘 안 내려가요.	64

체크아웃 하기

체크아웃은 몇 시인가요?	65
체크아웃 부탁합니다.	65
이건 무슨 요금입니까?	65
잘못된 것 같은데요.	65
하루 더 있고 싶은데요.	65

5. 이동 중에

길 물어보기

길 좀 알려 주시겠어요?	68
여기에 가고 싶은데요.	68
마드리드 왕궁을 찾고 있어요.	68
이 길의 이름은 뭐예요?	68
근처에 슈퍼가 있나요?	68

어디예요?

버스 정류장은 어디예요?	70
가장 가까운 역은 어디예요?	70
출구는 어디예요?	70
매표소는 어디예요?	70
박물관은 어디에 있어요?	70

어떻게 가요?

거긴 어떻게 가요?	71
성가족 성당은 어떻게 가나요?	71
여기에서 멀어요?	71
얼마나 걸려요?	71
걸어서 갈 수 있나요?	71

길을 잃었어요

길을 잃었어요.	72
여기가 어디예요?	72
여기가 어디인지 모르겠어요.	72
여기에 데려다주시겠어요?	72
지도에서 우리 위치는 어디인가요?	72

6. 교통 이용하기

지하철 이용하기

매표소는 어디에 있어요?	76
요금은 얼마예요?	76
어느 출구로 나가야 하나요?	76
다음은 무슨 역이에요?	76
어디에서 갈아타요?	76

버스 이용하기

이 버스, ~에 가나요?	78
네, 갑니다.	78
아뇨, 안 가요.	78
~에 가는 버스는 몇 번이에요?	78
69번 버스를 타세요.	78
버스 요금은 얼마예요?	79
2 유로입니다.	79
~에서 내리고 싶은데요.	79
이번에 내리세요.	79
도착하면 알려 주세요.	79

기차표 구입하기

~까지 얼마예요?	80
몇 시에 출발해요?	80
좀 더 빨리 출발하는 것은 없나요?	80
어른 2장, 어린이 1장 주세요.	80
이 기차표를 취소할 수 있나요?	80
편도입니까? 왕복입니까?	81
왕복입니다.	81

편도입니다.	81
편도 요금은 얼마예요?	81
~행 왕복표 주세요.	81
~행 편도표 주세요.	81

문제가 생겼어요

표를 잃어버렸어요.	82
기차를 잘못 탔어요.	82
열차를 놓쳤어요.	82
내릴 역을 지나쳐 버렸어요.	82
기차에 짐을 놓고 내렸어요.	82

택시 이용하기

택시를 불러 주세요.	83
공항까지 요금이 얼마나 나와요?	83
공항까지 시간이 얼마나 걸려요?	83
이 주소로 가 주세요.	83
여기에 세워 주세요.	83

렌터카 이용하기

차를 빌리고 싶은데요.	84
하루 요금이 얼마예요?	84
어떤 종류의 차를 원하세요?	84
며칠간 차를 쓰실 건가요?	84
일주일이요.	84
차를 목적지에서 반납할 수 있나요?	85
신용카드를 주시겠어요?	85
면허증을 보여 주세요.	85
도로 지도가 필요해요.	85
여기에서 저기까지 어떻게 가나요?	85

7. 식당·술집에서

식당 예약하기

6시에 예약하고 싶은데요.	88
몇 분이신가요?	88
두 명이요.	88
금연석으로 주세요.	88
예약을 변경하고 싶은데요.	88

식당에 도착했을 때

예약은 하셨나요?	89
네, 오후 5시 예약입니다.	89
아뇨, 예약 안 했는데요.	89
두 사람인데 자리 있어요?	89
죄송하지만, 지금은 자리가 없습니다.	89

음식 주문하기

메뉴를 보여 주세요.	90
주문하시겠습니까?	90
지금 주문해도 돼요?	90
주문은 잠시 후에 할게요.	90
메뉴판을 다시 볼 수 있을까요?	90
이건 뭔가요?	91
그걸로 할게요.	91
같은 걸로 주세요.	91
음료는 뭘로 하시겠어요?	91
더 필요하신 건 없습니까?	91

문제가 생겼어요

더 기다려야 하나요?	94
저기로 옮겨도 돼요?	94
이건 제가 주문한 게 아닌데요.	94
포크를 떨어뜨렸어요.	94
머리카락이 나왔어요.	94

계산하기

계산서 주세요.	95
계산을 따로 할게요.	95
전부 얼마예요?	95
거스름돈을 잘못 주신 것 같아요.	95
합계가 잘못됐어요.	95
팁이 포함된 금액이에요?	96
이 금액은 뭐죠?	96
선불인가요?	96
어떻게 지불하실 건가요?	96
신용카드로 지불할 수 있나요?	96

커피숍에서

아이스커피 한 잔 주세요.	97
어떤 사이즈로 드려요?	97
톨 사이즈로 주세요.	97
여기에서 드세요, 가지고 가세요?	97
가지고 갈 거예요.	97

술집에서

뭐 드시겠어요?	99
생맥주 한 잔 주세요.	99
와인 주세요.	99
한 잔 더 주세요.	99
건배!	99

8. 관광 즐기기

관광하기

관광 안내소는 어디에 있어요?	102
구경하기 좋은 곳은 어디예요?	102
걸어서 갈 수 있는 거리인가요?	102
나이트 투어는 있나요?	102
시내 투어에 참가하고 싶은데요.	102

관광 명소 구경하기

입장료는 얼마예요?	103
몇 시에 폐관해요?	103
짐 맡기는 곳이 있나요?	103
들어가려면 얼마나 기다려야 해요?	103
팸플릿 있나요?	103

사진 찍기

사진 좀 찍어 주시겠어요?	104
같이 사진 찍을 수 있어요?	104
당신 사진을 찍어도 될까요?	104
여기에서 사진을 찍어도 돼요?	104
사진 찍어 드릴까요?	104
이 버튼을 누르시면 돼요.	105
준비됐어요?	105
'치즈' 하세요.	105
카메라를 보세요.	105
한 장 더 부탁드려요.	105

공연 관람하기

지금 어떤 것이 상연 중인가요?	106
다음 공연은 몇 시예요?	106
공연 시간은 얼마나 돼요?	106
영어 자막이 있나요?	106
앞쪽 좌석으로 주세요.	106

스포츠 관람하기

어느 팀과 어느 팀의 경기인가요?	107
지금 표를 살 수 있나요?	107
죄송합니다. 매진됐습니다.	107
예약했는데요.	107
파이팅!	107

9. 쇼핑하기

물건 살펴보기
무엇을 도와드릴까요? 110
그냥 둘러보는 중이에요. 110
기념품을 찾고 있는데요. 110
저거 볼 수 있어요? 110
이것 좀 보여 주세요. 110
다른 것도 보여 주세요. 111
입어 봐도 돼요? 111
이거 세일해요? 111
색깔은 어떤 것이 있나요? 111
좀 더 싼 걸 보여 주세요. 111

물건 사기
이거 얼마예요? 114
너무 비싸네요. 114
좀 할인해 줄 수 없나요? 114
깎아 주시면 살게요. 114
이거 세일 금액인가요? 114
쿠폰 있는데 할인돼요? 115
이거 면세되나요? 115
이걸로 주세요. 115
포장해 주세요. 115
신용카드로 지불해도 되나요? 115

옷 사기
의류 매장이 어디에 있나요? 116
원피스를 사려고 하는데요. 116
사이즈가 어떻게 되세요? 116
M 사이즈로 주세요. 116
탈의실은 어디예요? 116
잘 맞네요. 117
좀 커요. 117
너무 커요. 117
좀 꽉 껴요. 117
너무 헐렁해요. 117
좀 더 작은 걸로 보여 주세요. 118
다른 스타일은 없나요? 118
다른 색상은 없나요? 118
똑같은 걸로 검은색 있나요? 118
어느 게 더 나아 보여요? 118

신발 사기
운동화를 찾고 있어요. 120
발 사이즈가 어떻게 되세요? 120
38입니다. 120
이걸 한번 신어 보세요. 120
앞이 조금 조여요. 120

화장품 사기
화장품 코너는 어디에 있나요? 122
립스틱을 찾고 있는데요. 122
샘플 발라 봐도 되나요? 122
저한테는 어울리지 않네요. 122
저는 민감성 피부예요. 122

슈퍼마켓에서
과일은 어디에 있나요? 124
쇼핑카트는 어디에 있어요? 124
왼쪽에 있어요. 124
오른쪽에 있어요. 124
다 팔렸어요? 124
얼마예요? 124

교환과 환불
이거 반품하고 싶은데요. 125
환불할 수 있어요? 125
사이즈를 바꿔 주세요. 125
전혀 작동하지 않아요. 125
영수증 있으세요? 125

10. 친구 만들기

말문 떼기
만나서 반가워요. 128
누군가를 기다리고 계세요? 128
여기 참 멋진 곳이네요. 128
날씨가 좋네요. 128
어디에서 오셨어요? 128

자기소개 하기
제 이름은 최수지예요. 129
한국에서 왔어요. 129
마드리드는 처음이에요. 129
대학생이에요. 129
회사원이에요. 129

칭찬하기
귀여워요. 130
잘생겼어요. 130
젊어 보여요. 130
그거 정말 좋은데요. 130
대단한데요. 130

연락처 주고받기
또 연락을 하고 싶어요. 131
이메일 주소 좀 가르쳐 주시겠어요? 131
여기요. 131
적어 주시겠어요? 131
페이스북 계정이 있으세요? 131

11. 긴급 상황 발생

도움 청하기
사람 살려! 134
불이야! 134
조심하세요! 134
도둑이야! 134
저놈 잡아라! 134
소매치기를 당했어요. 135
문제가 생겼어요. 135
한국어 할 줄 아는 사람 있나요? 135
경찰서가 어디죠? 135
여기에 데려다주세요. 135

도난당하거나 분실했을 때
핸드폰을 잃어버렸어요. 137
여권을 잃어버렸어요. 137
지갑을 도둑맞았어요. 137
가방을 찾을 수가 없어요. 137
가방을 기차에 두고 내렸어요. 137
여기에서 지갑 못 보셨어요? 138
어디에서 잃어버렸습니까? 138
어디에서 잃어버렸는지 모르겠어요. 138
분실 신고서를 써 주세요. 138
찾으면 여기로 연락 주세요. 138

교통사고가 났을 때
경찰을 불러 주세요. 139
구급차를 불러 주세요. 139

의사를 빨리 데려와 주세요.	139
교통사고가 났어요.	139
차에 치였어요.	139

아플 때
여기가 아파요.	140
너무 아파서 움직일 수가 없어요.	140
피가 나요.	140
열이 좀 있어요.	140
설사를 해요.	140

인조이 시리즈가 당신의 여행과 함께합니다

ENJOY your TRAVEL

세계여행

① 인조이 도쿄
② 인조이 오사카
③ 인조이 베트남
④ 인조이 미얀마
⑤ 인조이 이탈리아
⑥ 인조이 방콕
⑦ 인조이 호주
⑧ 인조이 싱가포르
⑨ 인조이 유럽
⑩ 인조이 규슈
⑪ 인조이 파리
⑫ 인조이 프라하
⑬ 인조이 홋카이도
⑭ 인조이 뉴욕
⑮ 인조이 홍콩
⑯ 인조이 두바이
⑰ 인조이 타이완
⑱ 인조이 발리
⑲ 인조이 필리핀
⑳ 인조이 런던
㉑ 인조이 남미
㉒ 인조이 하와이
㉓ 인조이 상하이
㉔ 인조이 터키
㉕ 인조이 말레이시아
㉖ 인조이 푸껫
㉗ 인조이 스페인·포르투갈
㉘ 인조이 오키나와
㉙ 인조이 미국 서부
㉚ 인조이 동유럽
㉛ 인조이 괌
㉜ 인조이 중국
㉝ 인조이 인도
㉞ 인조이 크로아티아
㉟ 인조이 뉴질랜드
㊱ 인조이 칭다오
㊲ 인조이 스리랑카
㊳ 인조이 러시아
㊴ 인조이 다낭·호이안·후에
㊵ 인조이 치앙마이
㊶ 인조이 스위스
㊷ 인조이 나트랑 · 달랏

국내여행

① 이번엔! 강원도
② 이번엔! 제주
③ 이번엔! 남해안
④ 이번엔! 서울
⑤ 이번엔! 경주
⑥ 이번엔! 부산
⑦ 이번엔! 울릉도·독도

넥서스BOOKS